W0074918

ro
ro
ro

«Das Verschwinden eines geliebten Menschen ist für Freunde und Familie schwer zu verkraften, denn oftmals werden die Angehörigen gleich zweimal alleingelassen: Nicht nur von dem, der fehlt, sondern auch von der Polizei und dem persönlichen Umfeld – und so sind Schmerz, Verzweiflung und Hilflosigkeit der Daheimgebliebenen oft groß. Und dabei spielt es keine Rolle, ob ein Mensch für einige Wochen, Jahre oder gar für immer fortbleibt – die Ungewissheit ist für Betroffene schwer auszuhalten.»

Peter Jamin, geboren 1951, arbeitete als Redakteur und stellvertretender Redaktionsleiter in Redaktionen der Zeitungsgruppe WAZ, bevor er sich 1985 als Autor selbständig machte. Seit mehr als 25 Jahren beschäftigt er sich mit dem Thema «vermisste Menschen». Ebenso lange unterhält er ehrenamtlich ein Vermisstentelefon und berät Angehörige.

OHNE JEDE SPUR

Wahre Geschichten von vermissten Menschen

Peter Jamin

Rowohlt Taschenbuch Verlag

2. Auflage Juni 2019
Originalausgabe
Veröffentlicht im Rowohlt Taschenbuch Verlag,
Hamburg, Juni 2019
Copyright © 2019 by Rowohlt Verlag GmbH, Hamburg
Copyright © 2019 by Peter Jamin
Umschlaggestaltung zero-media.net, München
Umschlagabbildung Michael Seelbach
Satz aus der Mercury, InDesign,
bei Pinkuin Satz und Datentechnik, Berlin
Druck und Bindung CPI books GmbH, Leck, Germany
ISBN 978 3 499 63415 4

Inhalt

Vorwort

———

Was fühlt eine Mutter, die Tag für Tag, Monat für Monat, Jahr für Jahr im Kinderzimmer auf die Rückkehr ihrer einzigen Tochter wartet? Was macht es mit einer Familie, die verzweifelt ihr 16-jähriges Mädchen im Internet sucht? Und wer ist dieser Mann im Anzug, der mit seiner Aktentasche an der Autobahn steht und schließlich mit einem Lkw in Richtung Spanien trampt?

In diesem Buch erzähle ich Geschichten von Menschen, die, ohne eine Spur zu hinterlassen, verschwunden sind. Und ich erzähle von denjenigen, die sie vermissen und auf die Suche gehen.

Es sind wahre Geschichten. Schicksale, die mich in den vielen Jahren meiner Arbeit besonders berührt und bis heute nicht losgelassen haben.

Einige dieser Geschichten gehen gut aus, andere nicht.

Peter Jamin

Vorworte von Leser*innen

———

«Diese Geschichten haben mich sehr berührt und aufgewühlt. Ich hätte nie gedacht, dass so etwas tatsächlich passiert.»

Jürgen Schneider, Lehrer, Düsseldorf

«Die spannend erzählten Einzelschicksale zeigen eindrucksvoll die verzweifelte Suche nach vermissten Menschen. Absolut lesenswert.»

Kai Winckler, Chefredakteur, Hamburg/Offenburg

«Packende Geschichten. Mitreißende Emotionen. Erschreckend wahre Einblicke in das Schicksal vieler Familien.»

Nicole Niewiadomski,
Autorin und Marketing-Expertin, Düsseldorf

«Kein Mensch weiß, was mit den Angehörigen passiert, wenn ein Mensch verschwindet. Der Autor erzählt uns das eindrucksvoll. Jeder denkt, dass die Polizei hilft – dabei macht sie in den meisten Fällen nichts.»

Nicola Manns, Lifecoach, Düsseldorf

———

«Diese Geschichten haben ungewöhnliche Wendungen. Aus einer harmonischen Situation wird zum Beispiel ein totales Chaos.»

Tamar Mandaria,
Literaturwissenschaftlerin und Lehrerin, Düsseldorf / Tbilisi

«Sehr greifbare und bewegende Kurzgeschichten mit Platz für Kontemplation.»

Pauline Merzenich,
Merchandise-Controllerin Mode, Düsseldorf

«Der Autor macht mit seinen Kurzgeschichten auf dunkle Seiten unserer Gesellschaft aufmerksam, die die meisten von uns nicht kennen.»

Jürgen Spreemann-Michaelsen,
Fernsehjournalist, Pulheim

«Wahre Geschichten von verschwundenen Menschen, berührend und manchmal einfach unglaublich.»

Lydia Gruber,
Vertriebsreferentin, Leipzig

Zur Rolle des Autors

Vor 25 Jahren las ich in einer Tageszeitung eine Polizei-statistik. In Deutschland wurden jedes Jahr rund 100 000 Menschen bei der Polizei als vermisst registriert. Was steckt hinter diesen Fällen, fragte ich mich. Warum verschwinden Menschen?

Mit der WDR-Fernsehdokumentation «Vermisst – Über Menschen, die verschwinden, und jene, die sie suchen» und dem Hintergrundbericht «Das Schlimmste ist die Ungewissheit» in der Wochenzeitung *Die Zeit* fand ich großes öffentliches Aufsehen. Erstmals wurden die Probleme der jährlich rund 500 000 betroffenen Angehörigen von Vermissten umfassend und mit ihren sozialen Aspekten zur Sprache gebracht. Beeindruckt von der Fülle der Erfahrungen, entwickelte ich anschließend eine Fernsehreihe, «WDR – Vermisst», die mehrere Jahre lang wöchentlich ausgestrahlt wurde.

Aber auch danach ließ mich das Thema nicht los. Weil ich feststellte, dass Behörden wie Politik, Helfer-Initiativen wie Wissenschaft die Vermissten und ihre Angehörigen weitgehend sich selbst überließen und das Thema allein auf die Polizei abschoben, gründete ich ein Vermisstentelefon.

Die Polizei registriert zwar die Vermisstenfälle, aber hilft den Angehörigen in der Regel nicht. Fortan beriet ich Betroffene ehrenamtlich. In mehr als 2000 Fällen konnte

11

ich bislang helfen und erfuhr dabei von Schicksalen, die für Außenstehende kaum vorstellbar sind.

Die Geschichten von Vermissten spiegeln die meisten Probleme der Menschen in unserer Gesellschaft wider: Versagensängste, Mobbing, Verschuldung, Eheprobleme, Schwierigkeiten in Schule, Studium und Beruf, Demenz, Depressionen und andere Krankheiten, Missbrauch und Misshandlung, Gewalt in der Familie und vieles mehr. Die Geschichten der Angehörigen von Vermissten zeigen, wie hilflos und verzweifelt sie sind – sie gehen buchstäblich durch die Hölle. Ein Prozent der Vermisstenfälle, also etwa tausend im Jahr, sind Gewalttaten – Entführung, Mord oder Totschlag. Doch verständlicherweise gehen Angehörige oft direkt vom Schlimmsten aus.

In diesem Buch möchte ich den Betroffenen eine Stimme geben. Die Geschichten sind wahr, aber sie geben die Wirklichkeit natürlich aus einem besonderen Blickwinkel wieder. In manchen Geschichten stelle ich besonders intensive Momente in den Mittelpunkt der Handlung.

Meine Arbeitsweise entspricht etwa der des Schriftstellers und Rechtsanwalts Ferdinand von Schirach, der über seine eigenen Kurzgeschichten sagt: «Die Geschichten sind nicht eins zu eins eine Wiedergabe der Wirklichkeit. Sie müssen sich das so vorstellen, vielleicht wie in einer alten Druckerei, Sie erinnern sich, da gibt es so schöne Setzkästen aus Holz, und in denen ist dreißig Mal das A und zehn Mal das E. Als Strafverteidiger habe ich in fünfundzwanzig Jahren eben viele Menschen kennengelernt und viele Situationen erlebt, und die setze ich in den Geschichten neu zusammen. Sie geben nicht die Wirklichkeit wieder, aber die einzelnen Teile sind vollkommen wahr.»

Dieses Buch ist aber auch Faction – Fakten und Fiktion ganz dicht an der Wahrheit entlang geschrieben. Die Basis der folgenden Short Storys sind reale Fälle, wobei ich mich in die Protagonisten hineinversetze und das Geschehen teilweise aus ihren Blickwinkeln – im erzählenden Stil des amerikanischen «Literary Journalism» – beschreibe. So ist es möglich, das Handeln und Tun wie auch die Emotionen und Beweggründe von Angehörigen wie Vermissten intensiver zu vermitteln.

Die Identität der Betroffenen wurde selbstverständlich anonymisiert.

EINS
Von Abschied und Verzweiflung

———

«Jeder Mensch ist sehr allein.»
Marcel Proust

Legt mir ihre Leiche vor die Tür

Maria Kramer sagte einmal zu mir: «Es überfällt mich immer wieder ein fürchterlicher Schmerz und eine Trauer, und ich denke, dass es einfach unmenschlich ist, was da passiert ist. Und dann entwickelt sich ein Zorn auf den Täter, der dafür gesorgt hat, dass Annegret nie wieder nach Hause kommt.»

Solche Sätze sind immer in Marias Kopf. Sie sitzt im Zimmer ihrer Tochter auf dem Bett, starrt in den Spiegel neben der Tür. Sie schaut in ihre eigenen Augen und erschrickt. Ihr Blick ist voller Trauer, hart und leer.

Sie sieht sich um. Nichts hat sie verändert. Alles ist wie früher. Wie vor fünf Jahren. Keinen Gegenstand hat sie weggeworfen. Die Schranktür ist noch immer halb geöffnet, die Kleidung darin geordnet. Die Bücher für das Studium stehen im Regal und auf dem kleinen Schreibtisch unterm Fenster. Bleistift, Radiergummi, Kugelschreiber, gelber Marker und ein kleiner Zettel mit der handschriftlichen Notiz «Montag Reinigung» liegen in einer kleinen schwarzen Schale. Alles ordentlich und abgestaubt.

Maria blickt an sich hinunter. Ihr Körper ist ihr so fremd geworden wie ihr Leben, das sie seit dem Verschwinden ihres kleinen Mädchens führt. Mit den Jahren und den ständigen Gedanken an ihre Tochter hat sie an Gewicht zugenommen. Ihre weiße Bluse mit den kleinen roten Rosen ist schmutzig. Am Bauch klafft ein breiter Riss. Sie ist gerade von einem Spaziergang aus dem nahegelegenen Wald heimgekehrt. Wieder hat sie keinen Blick für die Schönheit der Natur gehabt. Wieder ist sie abseits des Wegs gegangen. Wieder ist sie durch dichtes Gestrüpp, durch Kornfelder und über sumpfige Wiesen gestapft. Hat hinter Bäume und Büsche geschaut und sich ihre Bluse zerrissen, als sie eine Böschung hinuntergestürzt ist.

Maria Kramer kann nicht mehr wie andere Menschen ganz normal spazieren gehen. Nicht mehr wie früher unbeschwert durch die Natur wandern. Das flirrende Spiel der Vögel beobachten. Die Pflanzen am Wegrand betrachten. Den Duft von Gras und Blumen tief einatmen. Wenn Maria in den Wald geht, ist sie immer auf der Suche.

Maria sucht ihre Tochter. Die Überreste ihres toten Körpers. Vertrocknete, bröselnde Knochenstücke vielleicht. Oder einen verblichenen Fetzen Kleidung. Irgendetwas, das noch da ist von ihrer Annegret, die ihr nach so langer Zeit noch immer so nah und doch so fern ist. Nach der sie sich so unendlich sehnt, um die sie aus tiefstem Herzen trauert. In manchen schwachen, besonders verzweifelten Stunden sagt Maria: Legt mir doch endlich ihre Leiche vor die Tür!

An einem Juliabend vor fünf Jahren verlässt Annegret Kramer ihr Elternhaus, um ihre Freundin Emma zu besuchen. Die beiden jungen Frauen studieren gemeinsam Theaterwissenschaften, haben sich in der Mensa der Universität kennengelernt. Emma besorgt eine Flasche Weißwein, Annegret bringt spanische Tapas mit.

«Wir hatten uns an diesem Abend vorgenommen, nicht so lang zu machen», erinnert sich Emma später bei der Befragung durch die Polizei. «Wir wollten früh am nächsten Tag miteinander telefonieren, um uns für einen Ausflug mit dem Fahrrad zu verabreden. Es war doch so schönes Wetter.»

Das Dunkel der Nacht hat sich gerade erst über Büsche und Bäume und Gassen gelegt, als sich Annegret Kramer um 22 Uhr auf den Weg nach Hause macht. Es sind nur zehn Minuten Fußweg. Die 20-Jährige wohnt noch bei ihren Eltern. Ihr ehemaliges Kinderzimmer ist jetzt ihre Studentenbude, wie sie sagt.

Fünf Jahre später sitzt Maria Kramer wieder einmal, wie so oft, in diesem Zimmer. Vom Flur im Erdgeschoss des Einfamilienhauses führt eine schmale Treppe hinauf in den ersten Stock. Eine Couch, ein Bett mit einer braunen Wolldecke, ein Schrank aus den fünfziger Jahren, von der Oma geerbt, einige Poster mit Theaterszenen an der Wand, ein Ohrensessel – auch von der Oma –, eine Stereo-Anlage, viele Bücher. Die Mutter sitzt auf der Couch und überlegt, wie sie das Zimmer verändern könnte. Schon seit Monaten hat sie sich immer wieder mit diesem Gedanken beschäftigt. Welche Sachen sollte sie aufbewahren? Was könnte sie wegwerfen?

Woche für Woche, Monat für Monat immer die gleichen Gedanken. Immerhin kann sie inzwischen hinaufsteigen in das Zimmer der Tochter. Die ersten zwei Jahre nach dem Verschwinden von Annegret kann Maria das Zimmer nicht betreten. Jeder Schritt, jede Stufe ist eine seelische Qual. Sobald sie einen Fuß über die Schwelle setzt, bricht sie in Tränen aus.

Irgendwann schafft sie es dann doch. Sie beschließt sogar, einige von Annegrets Sachen zu verschenken. Doch die Freundinnen ihrer Tochter wollen die Sachen nicht. Sie können sich nicht vorstellen, Annegrets Kleidung zu tragen, weil ihnen das Verschwinden der Freundin so nahegeht. Jedes Stück würde sie tagtäglich an die verschwundene Freundin erinnern. Und diese Erinnerungen sind laut und schmerzhaft.

Die Eltern, Maria und Heinz, waren für eine Woche bei Verwandten zu Besuch. So fiel nicht auf, dass die Tochter in der Nacht zum Samstag nicht nach Hause kam. Am nächsten Tag versuchte Emma sie telefonisch zu erreichen. Doch Annegret meldete sich nicht. Nicht am Morgen. Nicht am Mittag. Nicht am Abend und auch an den nächsten Tagen nicht. Schließlich ging Emma zur Polizei.

Für die heimkehrenden Eltern steht sofort fest, dass etwas Schreckliches passiert ist. Das unangenehme Gefühl beginnt bereits, als sie mit ihren Koffern das Haus betreten. Wenn sie sonst von Reisen zurückkehren, hat Annegret das Haus aufgeräumt und empfängt die Eltern schon an der Tür. Diesmal ist die Haustür verschlossen, und es gibt auch keine Nachricht von der Tochter. Dreckiges Geschirr türmt sich in der Spüle. Unterlagen für Annegrets Studium liegen im Wohnzimmer auf dem Boden verstreut, Kleidungsstücke achtlos auf Tischen und Stühlen. Und auch im Zimmer der Tochter herrscht ein Durcheinander, sodass die Mutter erst einmal ein wenig Ordnung schafft. So ein Verhalten kennen die Eltern nicht von Annegret.

Auf die Vermisstenanzeige reagiert die Polizei schnell. Der Leiter der schon bald eingerichteten Sonderkommission, Kriminalhauptkommissar Dieter Herber, ist ein erfahrener Beamter. Einer, der weiß, dass die Zeit drängt und dass jetzt die Spuren zusammengetragen werden müssen, um Aussicht auf Erfolg zu haben. Die Suchmeldung der Polizei beschreibt die Vermisste so genau wie möglich: 20 Jahre alt.

Schlanke Statur. Rundliches Gesicht. 170 Zentimeter groß. Etwa 65 Kilo schwer. Blonde, mittellange Haare. Bekleidet mit einer dunkelblauen Jeans, einem roten T-Shirt, knöchelhohen, weißen Nike-Turnschuhen. Eine braune Damenarmbanduhr, eine kleine braune Geldbörse. Die wichtigste Frage an die Medien, an die Bevölkerung: Wer hat Annegret Kramer in der Nacht ihres Verschwindens gesehen?

Herber und seine Kollegen geraten bei ihren Ermittlungen bald in eine Sackgasse. Nach intensiven Gesprächen mit den Verwandten, Freunden und Bekannten sind sie sicher, dass die Studentin nicht freiwillig fortgeblieben ist. Doch es gibt zu diesem Zeitpunkt nicht einen einzigen ernst zu nehmenden Hinweis, was mit der Vermissten geschehen sein könnte.

Die Ermittlungen der Polizei werden in viele Richtungen geführt. Das Gelände um den letzten bekannten Aufenthaltsort der Vermissten wird von Hundertschaften der Bereitschaftspolizei abgesucht. Hubschrauber überfliegen unwegsames Gelände. Leichenspürhunde schnüffeln sich durch Parks und Wälder und durchforsten mit ihren sensiblen Spürnasen sogar eine Müllkippe.

Immer wieder wendet sich Herber an die Öffentlichkeit. «Selbst Hinweise, von denen der Hinweisgeber gar nicht annimmt, dass sie uns helfen können, werden von uns überprüft. Die Akte wird nicht geschlossen», verspricht der Kriminalbeamte und appelliert an Mitwisser einer möglichen Gewalttat, sich zu offenbaren: «Geben Sie uns einen Hinweis auf den Verbleib der Vermissten. Wir sichern Ihnen Vertraulichkeit zu, denn wir möchten nicht zuletzt auch im Hinblick auf die Angehörigen das Verschwinden der jungen Frau endlich aufklären.»

21

Der Weg, den Annegret Kramer vermutlich gegangen ist, die Strecke von der Wohnung der Freundin zum Elternhaus, ist nicht lang. Er führt ein paar Minuten an einem Bach entlang. Die Leichenspürhunde schnüffeln intensiv an der Uferböschung. Polizisten stochern mit langen Stäben im Bachbett und in den Büschen. Der Bach ist viel zu schmal und zu flach, und die Strömung zu träge, als dass sie einen Menschen hätte fortreißen können.

Maria Kramer steht manchmal stundenlang an diesem Bach. Sein Wasser umspült sanft die Pflanzen und Baumwurzeln am Ufer. Manches Grün zieht das Wasser mit sich fort. Sie stiert ins Wasser, und dabei gehen ihr Tausende Gedanken und Bilder über Gewalt und Blut und Hilfeschreie durch den Kopf.

Annegret ist wie von Geisterhand aus dem Leben der Eltern gerissen worden. Ihre Mutter weiß nicht von wem und nicht warum. Aber sie glaubt fest daran, dass der Tochter Gewalt angetan wurde. Wahrscheinlich ein Triebtäter. Ein frustrierter Mann. Vielleicht aber auch ein heimlicher Verehrer, der die Grenze zwischen Leidenschaft und Verbrechen überschritten hat. Obgleich die Polizei keine Hinweise auf ein Verbrechen hat, versucht sich Maria mit diesen Überlegungen das Verschwinden der Tochter zu erklären. Trost findet sie dadurch nicht.

Sie steht vor dem Kleiderschrank ihrer Tochter und überlegt erneut, was sie mit den Sachen machen könnte. Oft sind ihre Gedanken wirr, ohne Ziel, wenn sie in Annegrets Zimmer sitzt und nachdenkt. Es sind Gedanken, die Maria in den letzten Jahren oft gehabt hat: Ihre Tochter ist weg, fortgerissen aus ihrem Leben, ohne Hilferuf, ohne Chance auf Rettung. Dann wechseln die Gedanken die Richtung: Ist

Annegret vielleicht doch freiwillig gegangen, aufgebrochen in ein neues Leben?

Aber warum? Warum hat sie nie darüber gesprochen, dass ihr die Welt im Elternhaus nicht mehr reichte? Dass sie sich nach Freiheit, nach Unabhängigkeit, nach der Ferne sehnte? Kann das ein Grund sein, so wortlos zu verschwinden und Vater und Mutter allein zurückzulassen? Die Angehörigen von Vermissten sind oft hin und her gerissen zwischen den unterschiedlichen möglichen Motiven für das Verschwinden des geliebten Menschen.

Diese Ungewissheit! Diese schreckliche Ungewissheit!

Wie Schlaglichter blitzen die möglichen Szenarien auf: Ist sie freiwillig fort? Lebt sie fröhlich irgendwo im Ausland? Wurde sie ermordet? Wurde sie vielleicht irgendwo eingesperrt? Die Bilder von Gewalt und Tod und Aufbruch in ein neues Leben wechseln mit den Stimmungen der Angehörigen. Und manchmal ist die Verzweiflung so groß, dass die Zurückgelassenen selbst dafür dankbar wären, wenn man ihnen die Leiche des geliebten Menschen nach Hause bringen würde. Es wäre – so glauben manche Angehörige – eine Erlösung von den Qualen der Ungewissheit.

«Bleibt ein Mensch verschwunden, dann geht das Leben für Hinterbliebene nicht irgendwann weiter, sondern es bleibt stehen, genau an dem Tag, an dem der teure Mensch nicht mehr zurückgekehrt ist», sagt Kriminalhauptkommissar Dieter Herber während einer Pressekonferenz. «Die aufgerissene Wunde wird für lange Zeit bluten, vielleicht zeitlebens. Denn die Trauerarbeit kann nicht begonnen werden, weil man hofft, der Verschwundene könnte plötzlich vor der Tür stehen und den Albtraum beenden.»

Dabei ist es so wichtig, um den Vermissten zu trauern,

23

genau wie um einen verstorbenen Menschen. Das Leben ist voller Abschiede. Sie gehören einfach dazu, so schwer uns das auch fällt. Der Psychotherapeut Dietmar von Wiese gibt zum Verschwinden von Menschen zu bedenken: «Wenn wir unser Leben einmal in Ruhe betrachten, dann entdecken wir, dass es voller Abschiede ist, voller Trennungen und Verluste: Abschied von einer Hoffnung, Abschied von der Heimat, Abschied von Gesundheit, auch Abschied von Jugend und Schönheit, Abschied vom Beruf. Der letzte Abschied ist die Trennung von der Welt, ist der Tod.»

Die meisten Angehörigen verdrängen die Trauer, schlucken die Tränen herunter, lassen Gefühle nicht zu. Doch Gefühle, die nicht nach außen dringen dürfen, sind Gift für den Körper. Erstickte Gefühle versuchen immer – auch gegen unseren Willen – sich Luft zu verschaffen. Und sei es durch Krankheiten: Angehörige von Vermissten leiden oftmals unter Angstzuständen, hegen Selbstmordgedanken, haben Atembeschwerden, Herzschmerzen oder Depressionen. Erst wenn sich die Bande zu dem Menschen, um den sie trauern, allmählich lösen, wenn sie die Gefühle, die zu diesem Prozess gehören – also Wut, Verzweiflung, Mitleid, Vorwürfe oder sogar Hass –, wenn sie all das zulassen, wird es ihnen besser gehen. Erst dann werden sie wieder fähig sein, echte Freude und Liebe zu empfinden – und auch Trauer.

Verwandte, Freunde und Bekannte wissen oft nicht mit der neuen Situation umzugehen, in die sie plötzlich geraten sind. Emma kann nicht vergessen, gar nichts: «Wenn ich an Annegret denke und an die Zeit, die wir zusammen verbracht haben und die wir uns gekannt haben, bin ich immer wieder sehr verzweifelt.»

In Annegrets Zimmer ist die Freundin seit damals nicht mehr gewesen. Gelegentlich trifft sie die Eltern. Sie kennt die Gedanken der Mutter, von der sie weiß, dass sie inzwischen fast täglich im Zimmer der Tochter sitzt. Und sich wieder und wieder fragt: Warum kann ich hier nicht endlich Schluss mit diesem Zimmer machen? Es leer räumen? Ein Gästezimmer daraus machen?

Marias Blick fällt wieder einmal auf einen Gegenstand im Zimmer, etwa die Schultüte in der Ecke am Fenster. Annegret hat sie aufbewahrt. Die Mutter erinnert sich: Er war schön, der erste Schultag. Später irgendwann das Abitur, ein großer Erfolg. Dann das Studium. In der Mensa der Universität haben die Erstsemester mittags eine Party gefeiert. Bier eingeschmuggelt, dazu Kartoffelsalat mit Würstchen gegessen. Sie haben sich gleich am ersten Tag bei der Hochschulleitung unbeliebt gemacht. Polizei. Hausverbot. Maria kennt das. Sie ist eine Alt-Achtundsechzigerin. Damals gehörte die Besetzung von Hörsälen zum Uni-Alltag.

Damals. Als sie selbst studierte. Theater spielte. Ihre Tochter hat ihr nachgeeifert. Manchmal, wenn sie guter Dinge ist, fragt sich Maria: Wird Annegret den Anschluss schaffen, wenn sie heimkehrt? Nach fünf Jahren Pause? Aber vielleicht studiert sie ja auch irgendwo?! In England vielleicht. Oder in Amerika. Wollte das Kind nicht immer nach Hollywood? Manchmal hat sie auf Familienfeiern davon erzählt, dass sie in Amerika Schauspielerin werden will.

Warum hat sie aber nicht gesagt, dass sie nach Übersee will? Sich ihren Traum erfüllen möchte? Warum hat sie nicht wenigstens einen Abschiedsbrief geschrieben, ein paar Worte, einen lieben Gruß nur? Etwas Trost. Warum ist Annegret so wortlos gegangen?

25

Maria Kramer greift nach dem Lieblingskleid ihrer Tochter und will es in die Plastiktüte werfen, die neben ihr auf dem Boden steht. Sie hält inne. Ihre innere Stimme sagt ihr: Ich kann Annegret doch nicht sterben lassen, auch wenn ich glaube, dass sie tot ist.

Maria weiß, dass die Möbel und Kleidungsstücke und alle anderen Dinge die Erinnerung an ihr Kind nur konservieren. Der Anblick des trostlos-leblosen Mädchenzimmers macht das Bemühen um ein Vergessen zu einer nie enden wollenden Qual.

Sie wacht morgens mit den Erinnerungen auf und schläft abends mit der Hoffnung ein, dass morgen endlich die Erlösung kommt: der Fund der Leiche oder das Geständnis ihres Mörders oder wenigstens eine neue Spur, die die Leere ihrer Tage mit Spekulationen nähren kann. Doch seit langem wird Maria jeden Tag aufs Neue enttäuscht. Ihre Tochter bleibt spurlos verschwunden.

«Kommst du zum Abendessen?»

Ihr Mann Heinz ruft aus der Küche. Wie in Trance geht Maria auf die Zimmertür zu, wischt mit dem Staubtuch im Vorübergehen über den Tisch, als könnte sie so die düsteren Gedanken fortwischen. Ein letzter Blick. Alles ist gut. Alles aufgeräumt für die Rückkehr ihrer Tochter. Maria lächelt. Vielleicht kommt Annegret ja doch bald heim. Sie verlässt das Zimmer, schließt die Tür.

Mit Rike in der Talkshow

———

Glauben Sie, dass Ihr Kind noch lebt?»

Was soll sie auf diese Frage antworten? Sie wird unsicher. Die Frage macht ihr Angst. Mit zittriger Hand versucht sie das Wasserglas auf dem Tisch vor sich zu erreichen. Sie muss vor dem unbequemen Sessel ein wenig in die Hocke gehen. Noch schlimmer: Sie sieht sich selbst auf dem Monitor. Die Kamera registriert jede Regung. Sie trinkt einen Schluck.

«Wie war die Frage noch?»

«Lebt Ihr Kind, lebt Rike noch?»

Claudia Schamel will nicht hier sein. Hier im grellen Scheinwerferlicht des Fernsehstudios. Sie sieht in die Runde. Da sitzt die Moderatorin der Talkshow, Sarah Sommerwald, und fünf andere Frauen, die ihre Kinder vermissen. Warum hat sie sich darauf eingelassen?!

Schon wieder eine Talkshow, schon wieder Seelenstriptease, schon wieder Fragen, Fragen und noch mehr Fragen. Fragen, auf die Claudia keine Antwort hat.

«Frau Schamel?!»

Stille.

«Frau Schamel?! Ich sehe Ihnen an, dass es Ihnen schwerfällt, darüber zu sprechen. Lassen Sie sich Zeit.»

Die Moderatorin lächelt in die Kamera. Sie zeigt Mitgefühl: «Wenn ein Kind verschwindet, dann sind ganz besonders die Mütter betroffen. Sie haben das Kind neun

———

Monate lang in ihrem Bauch getragen. Es ist die engste Bindung, die es zwischen zwei Menschen gibt.»

Claudia Schamel hört nicht auf die Worte der Moderatorin. Sie ist wieder da, wo alles begann – in ihrer Küche.

«Rike ist weg!»

«Wie weg?»

«Sie ist weg. Nicht nach Hause gekommen.»

Das Entsetzen steht Claudia ins Gesicht geschrieben. «Rike ist nicht nach Hause gekommen. Ich bin los, hab sie gesucht. Sie ist weg. Einfach weg! In der Schule ist sie los. Hat mir die Klassenlehrerin gesagt. Ich bin den ganzen Weg ein paar Mal abgelaufen. Hab in Geschäften gefragt. Leute auf der Straße ...»

Kai Schamel ist gerade von der Frühschicht nach Hause gekommen. Er ist Straßenbahnfahrer. «Hast du bei den Eltern von Pia angerufen? Vielleicht ist sie mit zu ihr nach Hause?»

«Natürlich!» Claudia Schamel sitzt am Küchentisch und weint. Ein Heulkrampf schüttelt ihren Körper. Sie ist eine Frau, die weiß, was sie will. Die Mann und Kind versorgen kann. Die ihre Arbeit als Krankenschwester gut macht. Das sorgsam aufgetragene Make-up verläuft unter den Tränen. «Sie ist weg. Einfach weg.»

Die Wohnung von Claudia und Kai Schamel befindet sich nur wenige hundert Meter von der Schule entfernt. Auf dieser Strecke muss die siebenjährige Rike jemandem begegnet sein, der sie mitgenommen hat. Als das Kind zwei Stunden nach Schulschluss noch nicht zu Hause ist, beginnt eine große Suche. Die Eltern rufen Freunde und Verwandte an, die Polizei startet eine Suchaktion mit Hundestaffeln, Hubschrauber und Polizeihundertschaft. Eine vierzigköp-

28

fige Sonderkommission wird gegründet, doch es findet sich keine Spur. Niemand hat das Kind gesehen. Auch in den folgenden Tagen meldet sich niemand. Aus Tagen werden Wochen der Suche, des Hoffens, des Wartens, des Bangens. Aus Wochen werden quälende Monate. Aus Monaten viele Jahre des Leidens. Jetzt sind es schon 20 Jahre, und der Schmerz endet einfach nicht. Rike bleibt verschwunden.

Die Moderatorin unterbricht Claudias Gedanken: «Damals haben Sie gesagt, Sie glauben, dass Rike noch lebt. Denken Sie das immer noch? Heute, nach 20 Jahren?»

Claudia Schamel sieht zum roten Lämpchen der Kamera hinüber, so als wäre sie allein im Studio und würde den Millionen Menschen da draußen an den Fernsehgeräten ihre Geschichte erzählen. «Ich habe nach dem Verschwinden von Rike zwei Wochen lang wahnsinnige körperliche Schmerzen gehabt. Mir war, als leide ich mit der Rike mit. Und als dann die Schmerzen weg waren, musste ich einfach davon ausgehen, dass sie tot ist, dass sie dann gestorben ist. Obwohl ich heute immer noch hoffe, dass sie zurückkommt und immer noch daran glaube. Das ist so eine ganz komische, sehr widersprüchliche Gefühlslage.»

«Sie sind also hin und her gerissen in Ihrer Annahme? Sie lebt, sie lebt nicht?»

Claudia spürt die Übelkeit, die immer dann in ihr aufsteigt, wenn sie sich dieser Frage stellt. Ihr ist dann schlecht. Ihr Herz rast vor Trauer und Aufregung. «Ich glaube, dass Rike lebt», sagt sie schließlich. «Es ist mein Gefühl, dass sie irgendwann wiederkommen wird. Das ist so ein Instinkt, ich kann es nicht besser beschreiben. Sie ist vielleicht sogar im Ausland. Es kann auch möglich sein, dass sie missbraucht wird. Dass sie dieses grausame Spiel mitmacht,

29

weil sie keinen Ausweg sieht. Kann sein, dass sie viel reifer ist, als ich denke. Kann alles möglich sein. Vielleicht wird sie sich eines Tages aus eigener Kraft daraus befreien. Ich habe meinem Mann schon damals gesagt: ‹Rike ist verschleppt worden. Irgendwo wird sie festgehalten.› Und mein Mann sagte damals: ‹So was gibt's nicht, das tun die Menschen nicht.›»

«Aber Ihre Tochter ist jetzt 27 Jahre alt. Sie war sieben Jahre alt, als sie entführt wurde. Denken Sie, dass Ihre Rike immer noch irgendwo eingesperrt wird?» Sarah Sommerwald sieht Claudia Schamel gespannt an. Kein Laut im Studio. Kein Hüsteln der anderen Frauen in der Gesprächsrunde. Kein Scharren mit den Füßen der fast einhundert Zuschauer im Studio.

«Die Polizei hält das offensichtlich für möglich», antwortet Claudia mit bebender Stimme. Diese Fragen quälen sie. Diese Fragen nach Leben und Tod ihres Kindes. «Die Beamten suchen weiter nach Hinweisen. Manchmal kommen sie zu mir und zeigen mir schreckliche Bilder aus dem Internet von kleinen Mädchen, die gerade gequält werden. Solche Dinge kursieren ja Jahre und Jahrzehnte. Manchmal zeigen sie mir auch Bilder von älteren Mädchen, so wie Rike als Jugendliche ausgesehen haben könnte. Bilder von jungen blonden Mädchen. Bilder von missbrauchten Kindern. Die Polizisten möchten wissen, ob ich auf den Fotos und Videos Rike erkenne. Das ist so schrecklich.»

Claudia spürt, wie ihr die Tränen kommen. Die Moderatorin versteht ihren Job. Sie lässt ihrer Gesprächspartnerin Zeit, ihre Gefühle in den Griff zu bekommen. Sie wendet sich einer der anderen Mütter zu: «Haben Sie auch solche Erfahrungen gemacht?»

30

Die Mutter der kleinen Beatrice bestätigt, dass die Polizei auch im Internet nach ihrer Tochter sucht. Immer wieder soll sie sich Bilder und Videos ansehen. Die Achtjährige ist im Supermarkt verschwunden. Einen Moment hat die Mutter sie aus den Augen verloren – weg war sie.

Claudia wischt sich ihre Tränen mit einem rosa Taschentuch aus den Augen. Es ist ein Taschentuch von Rike. So hat sie das Gefühl, ihrer Tochter besonders nah zu sein. Ihre Gedanken schweifen erneut ab. Sie fühlt sich immer noch unwohl. Wie in einem Albtraum. Wie immer, wenn sie in einer Talkshow sitzt. Sie will das eigentlich nicht machen. Sie will in keine Talkshow. Sie sieht sich selten eine an. Oft schämt sie sich für die Leute, die da Privatestes von sich geben. Nun sitzt sie wieder einmal selbst in so einer Runde und erzählt das Intimste vom Intimen. Sie berichtet von ihren Gefühlen und Ängsten und depressiven Stunden. Und was noch schlimmer für sie ist: Sie spekuliert darüber, was ihrem kleinen Mädchen passiert sein könnte. Entführung. Kerker. Missbrauch. Folter. Qualen. Einsamkeit.

Aber was soll Claudia machen?! Sie braucht die Medien. Fernsehtalks, Berichte in Tageszeitungen und Illustrierten, Interviews im Radio, Internetaufrufe. Wenn ein kleines Kind verschwindet, müssen sich die Eltern schon bald die Frage stellen, wie sie mit den Medien umgehen wollen. Die Polizei riet ihr damals, mit den Medien zu sprechen. «Die Journalisten möchten mit den Betroffenen selbst reden», sagte ein Pressesprecher der Polizei. «Wir informieren neutral und schildern die Fakten, aber die Angehörigen von Vermissten erzählen von ihren Gefühlen.»

Claudia und Kai Schamel lernen im Laufe der Jahre viele Journalisten kennen. Insgeheim hasst Claudia diese Ge-

31

spräche. Aber die Interviews sind die einzige Chance, dass die Medien berichten und so die Suche nach ihrem kleinen Mädchen im öffentlichen Bewusstsein bleibt. Also erzählt sie von sich und ihren Tränen. Von ihren Ängsten und ihren Hoffnungen, dass die Kleine doch noch einmal wiederkommen wird. Sie tut alles, um ihr Mädchen zu finden.

Sarah Sommerwald fragt Claudia, wie sie sich fühlt, wenn sie von Rikes Verschwinden und den Folgen erzählt.

Claudia antwortet, ohne lange nachzudenken: «Es hat mit den Medien irgendwie auch was Sinnvolles gehabt. Dadurch, dass ich immer wieder von meinen Gefühlen erzählt habe, wurde ich irgendwie auch therapiert. Man redet sich den Kopf frei. Lernt, mit seinen Gefühlen halbwegs umzugehen.»

Sommerwald nickt und wendet sich an eine andere Mutter: «Wie ist das bei Ihnen?» Die Kamera schwenkt auf die Frau gegenüber von Claudia. Ihre Marion verschwand im Alter von 13 Jahren. Sie ist einfach nicht von der Schule heimgekehrt. Natürlich spricht auch diese Mutter mit den Medien. Natürlich fällt ihr das schwer. Natürlich macht sie das bis heute. Ein paar Tage nach dem Verschwinden ihres Kindes lag eine Postkarte im Briefkasten. Es war Marions Schrift: «Mach dir keine Sorgen. Irgendwann sehen wir uns wieder.»

Claudia sind die Schicksale der anderen Frauen gleichgültig. Eigentlich will sie von deren Sorgen nichts hören. Sie hat doch schon genug damit zu tun, ihre eigene Geschichte, das Verschwinden ihres eigenen Mädchens zu verkraften. Warum soll sie auch noch die Bürde von anderen Müttern schultern, die Ähnliches erlebt haben? Aber so ist das in Talkshows. Claudia versucht nicht hinzuhören. Natürlich kann es passieren, dass die Moderatorin sie jeden Moment wieder anspricht und dass sie dann nicht weiß, worüber gerade gesprochen wurde. Aber es ist ihr egal, wenn sie verwirrt und unkonzentriert wirkt. Sie hat nicht die Kraft, sich diese Geschichten anzuhören. Sie fühlt sich so allein und so leer.

Claudia ist auch nicht mehr neugierig. Sie hat genug erlebt. Sie bedient nun schon seit Jahrzehnten die Neugier von Fremden, die wissen wollen, wie schlecht sie sich fühlt. Ja, sie fühlt sich verdammt schlecht. Besonders in diesem Studio. Es geht hier ja nicht darum, dass man ihr helfen will. Die Zuschauer wollen Mitleid empfinden und über ein Schicksal staunen, dass sie selbst nie erleben möchten. Doch für Claudia bleibt die Hoffnung, über die Talkshows neue Hinweise auf den Verbleib ihrer Tochter zu bekommen.

«Welche Auswirkungen hat das Verschwinden von Rike auf Ihre Familie gehabt?», fragt Sarah Sommerwald.

«Familie? Meine Familie gibt es nicht mehr. Mein Mann hat seinen Job verloren. Er konnte sich nicht mehr konzentrieren. Er war ja Straßenbahnfahrer. Er passte zu oft nicht auf. Unfall. Noch ein Unfall. Einmal ist er an einer Haltestelle einfach weitergefahren, weil er gedacht hat, er sähe Rike auf der Straße. Er hat versucht, das kleine, fremde Mädchen auf dem Bürgersteig mit seiner Straßenbahn zu verfolgen. Kündigung. Es dauerte dann nicht mehr lange bis zur Scheidung. Wenn zwei Menschen jeden Tag am Küchentisch sitzen und nur über ihr vermisstes Mädchen schweigen, geht das nicht gut. Mit dem Verschwinden des Kindes stirbt man innerlich selbst.»

Sarah Sommerwald sieht Claudia Schamel mit ehrlicher

33

Besorgnis an. Sie hat schon viel erlebt, aber wie diese Frau da im Stakkato über den Zusammenbruch ihrer Familie erzählt, das bewegt selbst die abgeklärte Moderatorin. «Und Ihre Freunde? Verwandten?»

«Nach etwa einem Jahr war Sendepause», erklärt Claudia. «Wir konnten nicht mehr, die konnten nicht mehr. In jedem Gespräch ging es nur um Rike. Und dann die Sorge um meinen Alkoholkonsum. Erst hab ich nur ab und zu mal abends ein Glas Wein getrunken, um besser einschlafen zu können. Die Schlaftabletten haben ja nicht mehr geholfen. Dann waren es ein paar Gläser mehr. Dann trank ich auch schon mal morgens ein Glas. Dann war ich schon mittags angetrunken. Und irgendwann wird man schon mal sauer, weil jemand das Falsche sagt. Und man wird laut. Und dann setzt man die Eltern vor die Tür. Oder die Eltern des Mannes. Oder den eigenen Mann. Die beste Freundin. Die Nachbarin. Die Arbeitskollegin, die aus Sorge mal vorbeischaut und im falschen Moment an der Tür klingelt. Wenn man niemanden mehr sehen will, sagt man dann schon mal: ‹Hau ab, du blöde Kuh, was weißt du denn schon von meinen Problemen.› Ich wollte einfach nichts mehr fühlen.»

«Wie haben Sie es geschafft, wieder ein normales Leben zu führen?», fragt Sarah Sommerwald.

«Ich habe kein normales Leben mehr. Schon seit 20 Jahren nicht. Mittlerweile trinke ich nicht mehr. Ich arbeite. Aber ich lache und weine nur noch ganz selten. Ich fühle mich leer. Ich gehe nicht ins Kino, nicht zu Freunden, nicht ins Café. Am liebsten bin ich allein, gehe allein spazieren. Besonders gut gefällt es mir am Meer oder an einem See. Da passiert es mir wenigstens nicht so oft wie in einer Fußgängerzone, dass ich einem Menschen begegne, der so aussieht wie Rike. Wie Rike vor zehn Jahren ausgesehen haben könnte, oder wie Rike wohl heute aussehen würde. Wenn ich so einen Menschen sehe, laufe ich da hinterher. Spreche diesen Menschen an. Rufe laut: ‹Rike!› Und dann sieht mich derjenige mit entsetztem Blick an und denkt: ‹Die ist verrückt.› Und ich entschuldige mich dann und laufe schnell weg.»

«Hat Ihnen denn niemand geholfen, Ihre Probleme zu bewältigen? Ein Psychologe zum Beispiel», fragt Sommerwald.

«Alles drehte sich bei mir irgendwann um den Alkohol, den ich immer mehr gebraucht habe. Ich musste das Verschwinden von Rike ja verarbeiten, und ich habe das als einzige Möglichkeit für mich gesehen. Also stellten die Ärzte natürlich dieses Problem in den Vordergrund. Sie waren eigentlich froh, dass sie etwas Konkretes behandeln konnten. Meinen Alkoholismus.»

«Ging es nie um Rike und um den Verlust Ihrer Tochter?»

«Darauf ging man wenig ein. Man hat mir zu verstehen gegeben, dass ich mich damit abfinden soll. Damals hätte ich mir gewünscht, dass auch mal jemand sagt, wie man mit seinen Gefühlen in einer solchen Situation am besten umgeht. Mit der Ungewissheit darüber, was Rike passiert sein könnte. Und wie die Selbstmordgedanken wieder aufhören. Ich habe oft an Selbstmord gedacht. Am schlimmsten war es in der ersten Nacht. Da war es ganz, ganz schlimm. Da rauschen dir tausend Gedanken durch den Kopf, und du fragst dich immer wieder: Was passiert jetzt gerade mit meinem Mädchen?! Und wenn man dann an die Antwort denkt, möchte man am liebsten nicht mehr leben. Man kann den Gedanken nicht ertragen, dass das kleine Kind

35

gerade in diesem Moment vergewaltigt und missbraucht und misshandelt werden könnte. Trotz der großen Angst, die man um das Kind hat, denkt man an den eigenen Tod. So schrecklich, so brutal sind die Gedanken und die Bilder im Kopf.»

Sarah Sommerwald möchte jetzt von einer der anderen Frauen im Studio wissen, wie es ihr ergangen ist. Die Mutter erzählt, dass ihr 10-jähriger Sohn nicht vom Fußballspielen heimgekommen sei. In den ersten Nächten habe sie kein Auge zugemacht. Dann sei sie zusammengebrochen. «Es vergeht kein Tag, an dem in der Familie nicht über ihn gesprochen wird», sagt sie. «Das Leben ist nicht mehr wie vorher.»

Viele Eltern, deren Kind spurlos verschwindet, schaffen einen Neuanfang nicht. Sie leben nur noch in der Vergangenheit. Viele lassen – wie Maria Kramer – das Zimmer ihres Kindes über Jahre unverändert, immer hoffend, der Sohn oder die Tochter könnte plötzlich wieder heimkehren. Und in ihren schlaflosen Nächten sitzen Mütter und Väter in den Kinderzimmern, diesen Schreinen der Erinnerung, und geben sich den dunklen Gedanken und quälenden Fragen hin: Lebt das geliebte Kind, oder ist es tot? Hat es jemand getötet, hat es sich selbst umgebracht, oder ist ihm sonst etwas zugestoßen? Wo mag es wohl sein? Wo ist seine Leiche? Warum meldet es sich nicht? Ein Lebenszeichen würde doch schon genügen. Ein paar Worte, die die eigenen Schuldgefühle abbauen und ein bisschen Ruhe geben.

«Eltern schämen sich auch. Sie fühlen sich als Verlierer», wirft Claudia Schamel plötzlich in die Runde. Sarah Sommerwald und ihre Gesprächspartnerin verstummen. «Man schämt sich», fährt Claudia fort. «Man hat ja das Gefühl, nicht gut genug auf das Kind aufgepasst zu haben. Diese Vorwürfe hört man auch immer wieder von Fremden auf der Straße oder im Supermarkt, die einen durch die Berichte in den Medien erkennen. Vor allem in der ersten Zeit nach dem Verschwinden hagelte es Vorwürfe. ‹Warum haben Sie nicht besser auf Ihr Kind aufgepasst? Warum haben Sie das Mädchen nicht von der Schule abgeholt?› Und das sind alles Vorwürfe, die man sich auch selbst oft genug macht. Die muss man nicht auch noch von fremden Leuten hören. Irgendwann denkst du manchmal selbst, eine schlechte Mutter zu sein, sonst wäre das doch nicht passiert?!»

Die Kamera fährt jetzt ganz dicht an das Gesicht von Claudia heran. «Viel Hilfe gab es nicht. Der ‹Weiße Ring› gab uns etwas Geld und Adressen von Therapeuten. Meine Eltern haben mir ziemlich schnell zu verstehen gegeben, dass sie mit der Situation nicht fertigwerden und dass ich sie damit zu sehr belaste und sie befürchten, selbst krank zu werden. Erst verlor ich mein Kind. Dann meine Familie. Dann meine Freunde. Jetzt lerne ich keine Menschen mehr kennen. Ich lebe zurückgezogen, einsam und allein und gehe kaputt.»

Das klimatisierte Fernsehstudio wirkt jetzt wie eine Kältekammer.

Sarah Sommerwald wendet sich an eine andere Mutter. Die 10-jährige Ramona wollte sich nur schnell ein Eis kaufen – und kam nicht mehr zurück. Nach einem Aufruf in den Medien meldeten sich 100 Leute, die das Kind gesehen haben wollten. Doch es blieb verschwunden, und mit den Jahren wurde es für die Angehörigen stetig einsamer. «Immer mehr unserer Freunde blieben fort, wandten sich von uns ab. Sie konnten mit solch einer schrecklichen Situation nicht umgehen. Das belastet zu sehr», erzählt die Mutter.

Claudia erinnert sich auch noch an die Anschuldigungen von Fremden. Manche Leute spekulierten sogar, dass die Eltern ihre Tochter möglicherweise selbst umgebracht haben könnten. Das ist kein Einzelfall. Immer wieder sind Angehörige Verdächtigungen und Vorurteilen ausgesetzt. In dieser Situation erfahren sie, dass das soziale Geflecht, in dem sie sich oft Jahrzehnte bewegt haben, sehr dünn und instabil ist.

Gelegentlich werden sie auch beschuldigt, ein Geschäft mit der vermissten Tochter zu machen. Fremde Leute auf der Straße werfen ihr vor, dass sie im Fernsehen auftritt und Geld dafür erhält. Außerdem sei sie eine Selbstdarstellerin, setze sich mit ihrem Schicksal in Szene.

Sarah Sommerwald wendet sich noch einmal an Claudia: «Sie glauben, es ist nicht möglich zu vergessen?»

«Die Gesellschaft kann vergessen. Auch Rikes Lehrer. Einmal habe ich eine Mahnwache an der Schule gemacht. Am Jahrestag ihres Verschwindens. Die Medien haben davon berichtet. Niemand ist gekommen. Nicht ein Lehrer. Keine Klassenkameradin oder deren Eltern. Ich stand ganz allein auf dem Schulhof und habe an Rike gedacht.»

Der Regie-Assistent neben der Kamera hält ein Schild hoch. «Ende» steht darauf. Die Sendezeit ist bald vorbei. «Was erwarten Sie von der Zukunft?», fragt die Moderatorin.

«Zukunft», Claudia lächelt gequält, «welche Zukunft? Was erwartet man schon, wenn man seit 20 Jahren auf sein Kind wartet?! Es werden vielleicht noch mal so viele Jahre sein, die ich auf mein Kind warten werde. Manchmal habe ich versucht zu denken, dass es Rike nie gegeben hat. Aber das hat auch nicht geholfen. Für eine Mutter verschwindet ihr Kind nie.»

Sommerwald stellt die Frage auch den anderen Müttern. Zum Abschluss spielt die Studioregie einen kurzen Film ein. Er zeigt Claudia allein bei einem Spaziergang am Wasser. Sarah Sommerwald verabschiedet sich von ihren Gästen, den Zuschauern im Studio und zu Hause. Claudia hört schon nicht mehr zu. Rike lebt. Ob sie sich nach der Sendung melden wird?

Suche am See

———

Gerlinde Neumann schiebt mit zittrigen Händen die niedrig hängenden Zweige des Baums zur Seite und blickt angestrengt auf das Seeufer. Liegt dort die Leiche ihres Mannes? Oder ist es wieder nur Müll, der wie menschliche Überreste aussieht? Gerlinde geht näher und kniet nieder, kleine Äste stechen in ihre Waden. Sie weint leise. Ihr Rücken schmerzt, und sie möchte am liebsten um Hilfe schreien. Doch hier, abseits des Wegs, im Dickicht des Waldes, hört sie niemand. Sie greift ängstlich nach dem Fetzen Stoff, zieht das Stück Kleidung aus dem Wasser, das dem dunkelblauen Pullover ähnelt, den ihr Ehemann bei seinem Verschwinden trug. Es ist nicht ihr Friedrich.

Die 70-Jährige hat schon etliche Situationen wie diese erlebt. Seit zwei Jahren ist ihr Ehemann verschwunden. Der 75-Jährige lebte in einem Pflegeheim. Er war schwer krank, dement und häufig orientierungslos. Sein Verschwinden wurde vom Personal erst nach zwei Stunden entdeckt. Die Polizei suchte zunächst in der Umgebung der Seniorenresidenz, dann im nahegelegenen Wald. Vergeblich.

«Friedrich Neumann ist spurlos verschwunden», stellte die Polizei schließlich resigniert fest. Die Beamten haben viel Erfahrung mit solchen Fällen. Bei immer mehr Vermissten handelt es sich um alte Menschen, die sich verlaufen.

Gerlinde findet sich nicht damit ab, dass ihr Ehemann

———

spurlos verschwindet. Sie gibt die Hoffnung nicht auf, dass sie ihren Friedrich doch noch finden kann. Vor allem aber möchte sie Gewissheit haben, was mit ihrem geliebten Mann passiert ist.

Ihr ganzes Leben dreht sich nur noch darum, ihren Friedrich zu finden. Ihr Herz zerreißt bei der Vorstellung, dass ihr Mann hilflos durch die Welt irrt. Als die Polizei sich nicht mehr kümmert, wird Gerlinde selbst aktiv. Sie lässt Flugblätter und Suchplakate anfertigen und verteilt sie in der Nachbarschaft des Heims. In Zeitungs- und Fernseh-Interviews bittet sie die Bevölkerung um Unterstützung, veröffentlicht das Foto ihres Mannes. Und sie geht selbst auf die Suche, anfangs Tag für Tag, später mindestens einmal in der Woche. Ein ziemlich aussichtsloses Bemühen. Denn Friedrich Neumann kann – was sehr realistisch ist – einfach in einen Bus gestiegen und in die nächste Stadt gefahren sein.

«Friedrich war sehr unternehmungslustig, sehr mobil», erzählt Gerlinde. «Er ist öfter fortgegangen und musste dann gesucht werden.»

Eines Tages erhält Gerlinde Neumann einen Brief von dem Hellseher Magnus Dreistirn. Kurz vorher hatte eine Zeitung wieder einmal über das Verschwinden ihres Mannes berichtet.

«In dieser schwierigen Zeit», schreibt Dreistirn, «in der der Glaube an die Zukunft der Welt völlig verschwunden zu sein scheint, ist es meine Pflicht, Ihnen so schnell wie möglich zu sagen, liebe Gerlinde, was die Sterne in Bezug auf Sie und Ihren verschwundenen Ehemann vorhersagen. Dies wird Ihnen den Glauben an Ihre Zukunft zurückgeben. Sie gehören zu den wenigen Privilegierten, die in

41

den Genuss einer bevorzugten Behandlung kommen. Was sich da ankündigt, ist einzigartig. Ich bin Ihr Bote, um Ihnen zu enthüllen, was Sie erwartet. Sie dürfen keine Zeit verlieren, denn ich bin momentan sehr gefragt. Es wäre schade, wenn Sie das Glück nicht entdecken könnten, das sich für Sie abzeichnet.»

Gerlinde ruft den Hellseher an und vereinbart einen Termin. Gegen ein Honorar von 200 Euro will er ihr mehr über den Vermissten erzählen.

Die meisten Menschen glauben nicht an Wahrsagungen von Hellsehern, tun sie als Spinnerei ab. Manche aber denken insgeheim, dass es vielleicht doch mehr gibt als den gedeckten Tisch im Leben eines Menschen, nämlich auch etwas, das über allem schwebt. Aus diesen Gedanken und Gefühlen nährt sich der Glaube an einen Gott – wie immer er auch heißen mag.

Die Hoffnung spielt für die Angehörigen eine große Rolle. Sie saugen jeden Schimmer von Erkenntnis auf wie ein trockener Schwamm eine Pfütze Wasser. Sie sind blind für eine realistische Betrachtung der Situation.

Wahrsager gehören seit jeher zu den großen Geschichtenerzählern und nutzen gerne die Schwäche leidender Menschen aus. Selbst im Internetzeitalter haben sie ihren Einfluss nicht verloren. Gerlinde gehört zu diesen gutgläubigen Menschen, die für jede Hoffnung anfällig sind. Normalerweise gibt es für Wahrsager eine Grenze: Sie sagen nichts zu dem möglichen Tod eines Menschen. Doch Magnus Dreistirn ist besonders skrupellos. Er fordert Gerlinde auf, aktiv zu suchen: «Die Leiche deines Mannes liegt am Ufer eines Sees. Das sehe ich sehr deutlich. Er ist vom Weg aus, der an diesem See entlangführt, kaum zu sehen. Man kann sich der Leiche nur vom Wasser aus nähern oder muss sich durch Gestrüpp kämpfen.»

«An welchem See finde ich Friedrich?», fragt Gerlinde aufgeregt.

Magnus Dreistirn schweigt lange. Er rauft sich sein strähniges, graublondes Haar. Er nimmt eine Glaskugel aus seiner Aktentasche und reibt sie mit beiden Händen so stark, dass Gerlinde Angst hat, das Glas könnte zerspringen. Schließlich greift Dreistirn nach Gerlindes Händen und drückt sie heftig.

«Es tut mir leid, ich kann deinen Mann nicht finden. Er liegt an einem See in deiner Gegend. Aber ich weiß wirklich nicht, wo genau sich dein Friedrich befindet. Es scheint dort energetische Störfelder zu geben, die meine Kraft nicht durchdringt. Suche und finde.»

In der Umgebung gibt es etliche kleine und größere Gewässer. Für Gerlinde beginnt eine Zeit voller Strapazen und Qualen. Doch unverhofft erfährt sie Unterstützung durch die Polizei. Manchmal gehen selbst die Ermittler der Polizei den Hinweisen von Hellsehern nach, allein, um die Angehörigen zu beruhigen und ihnen das Gefühl zu vermitteln, dass auch wirklich alles gemacht wird. Die Polizei will sich später nicht vorwerfen lassen, sie hätte wichtige Hinweise einfach unter den Tisch fallen lassen. Doch man weist darauf hin, dass man nur suchen könne, wenn sie den Suchbereich eingrenzt.

Gerlinde kauft sich eine detaillierte Landkarte der Region.

Zu Hause zählt die 70-Jährige die in Frage kommenden Seen. 16 Gewässer sind es. Die alte Frau weint leise in sich hinein. Die Polizei wird sie wohl kaum unterstützen. Sie überlegt, wie lange sie für die Suche benötigt. Ob ich für einen See eine Woche brauche?, fragt sie sich. Muss sie sich auf eine Monate dauernde Suche einstellen? Wie soll sie das schaffen?

Gerlinde ist, trotz ihrer Schwäche für das Übersinnliche, eine patente Frau, die zu organisieren weiß. Sie beschließt, an einem nahegelegenen See mit der Suche zu beginnen und zu testen, wie viel Zeit sie benötigt. Die Hoffnung treibt sie an.

Früh am Morgen packt Gerlinde einen kleinen Rucksack. Ausgestattet ist sie mit Wanderkarte, Wasserflasche, ein paar Butterbroten, Handy und einem Fotoapparat, um einen möglichen Fundort sofort dokumentieren zu können. Sie hat in ihrer Wanderkarte die dicht am Ufer des Sees gelegenen Wege gelb markiert und mit Pfeilen ihren Weg vorgezeichnet, den sie an diesem Tag gehen will. Wie eine Buchhalterin will sie in einem kleinen Heft ihre Beobachtungen notieren.

Doch ihre Expedition wird mehr und mehr zur Qual. Den ersten Kilometer kommt die 70-Jährige gut voran. Sie läuft auf einem schmalen Trampelpfad am Ufer entlang oder nur wenige Meter davon entfernt. Hohe Bäume spenden ihr Schatten. Der Pfad schlängelt sich zunächst dicht am Wasser bis zu einem sandigen Strand. Immer hat sie das Ufer im Blick, hält Ausschau nach auffälligen Gegenständen oder Müllansammlungen. Je weiter Gerlinde vorankommt, desto schwieriger wird die Strecke. Sie muss kleine Hügel erklimmen, manchmal eine steile Uferböschung hinabsteigen. Mit einem Stock, den sie am Wegrand findet, sucht sie Halt, und wenn sie dann das Wasser erreicht, stochert sie mit dem Ast darin herum.

44

Von Stunde zu Stunde wird die alte Frau müder und kraftloser. Ihre wachsende Verzweiflung macht Gerlinde zu schaffen. Sie ahnt, dass sie diese beschwerliche Suche nicht lange durchhalten kann. Manchmal steigt auch Wut in ihr hoch, weil sie sich von allen verlassen fühlt. Dann schlägt sie mit ihrem Stock die Büsche auseinander und trampelt mit den Füßen auf Gebüsch und gegen Steine. Das gibt ihr Kraft. Sie spürt, dass sie noch fähig ist, weiterzugehen. Mittags macht sie eine Rast. Sie trinkt etwas, isst ein Brot und starrt auf den See. Sie schläft vor Müdigkeit im Sitzen ein. Als sie kurz darauf erwacht, schreckt sie hoch, weil sie unter der grünlichen Grütze, die das Wasser bedeckt, etwas zu sehen glaubt. Gerlinde springt auf, nimmt ihren Stock und schiebt die grünen, auf dem Wasser schwimmenden Algen zur Seite und stochert in den Grund. Doch da ist nicht mehr als die leichten, durch ihren Stock geschlagenen Wellen.

Als Gerlinde am Abend erschöpft heimkehrt, überlegt sie, wen sie um Hilfe bitten könnte. Sie ahnt, nein, eigentlich ist sie sich sicher, dass ihr Friedrich tot ist. Er wird nicht irgendwo durch die Welt reisen. Er ist gar nicht mehr in der Lage, ein eigenständiges Leben zu führen. Aber Gerlinde braucht Gewissheit. Sie möchte abschließen können mit diesem qualvollen Abschnitt ihres Lebens. Sie will die schrecklichen Bilder aus dem Kopf bekommen: Friedrichs Leiche in einem Gebüsch, am Ufer eines Sees, unter einem Baum. Das sind die Bilder in ihren Träumen, vor denen sie sich mehr und mehr fürchtet.

«Wenn man so lange auf die Heimkehr eines vermissten Menschen wartet, dann ist sein Tod sogar eine Erlösung», sagt sie traurig zu Frank Heilmann, dem Leiter einer

45

Hobbytauchergruppe, den sie um Unterstützung bittet. «Manchmal denke ich sogar: Wenn man mir morgen die Leiche vor die Tür legen würde, wäre ich dankbar. Aber dann erschrecke ich über diesen Gedanken. Es hört sich ja so an, als würde ich mir Friedrichs Tod herbeiwünschen.»

Heilmann sitzt bei ihr auf der kleinen grauen Couch und will helfen. Am Telefon hatte er noch gelacht: «Gute Frau, wir können doch nicht alle Seen in der Umgebung nach der Leiche Ihres Mannes absuchen. Aber wenn Sie uns eine konkrete Stelle nennen, wo er liegen soll, dann gehen wir da gerne runter.»

«Ich kenne die Stelle aber nicht», hatte Gerlinde verzweifelt geantwortet.

Jetzt sitzt er ihr gegenüber und überlegt, wie er helfen kann. Er blickt auf das kleine Regal neben der Couch. Hier sind Fotos aus vielen gemeinsamen Jahren liebevoll aufgereiht und mit einem Blumenstrauß dekoriert. Ein Altar der Erinnerung.

Loslassen. Vergessen. Nicht mehr an den Vermissten und die Umstände des Verschwindens denken. Das können die meisten Angehörigen nicht. Die Erinnerungen sind in ihre Herzen eingebrannt, eingemeißelt wie Buchstaben in einen Grabstein. Unaufhaltsam drängen sie hervor, strömen in alle Gehirnwindungen, legen sich wie Klemmen auf die Atemwege und vernebeln den Blick für das Schöne in der Welt.

Das Leben von Angehörigen besteht nur noch aus Warten, Verzweiflung, Hoffnung, Tränen und Gedanken darüber, wie das Leben und die Welt vor dem Verschwinden des geliebten Menschen war.

Gerlindes Suche an den Seen führt sie zu dem achtlos

weggeworfenen Müll unserer Gesellschaft. Müll bekommt für sie eine ganz neue Bedeutung. Meist liegen da nur vereinzelte Stücke: zerbeulte Plastikflaschen, zerrissene Kleidung, mit Unrat gefüllte Taschen, vermodernde Verpackungen, aufgeschlitzte Luftmatratzen, verbogene Stühle und Tische, rostende Fahrräder oder zerfasernde Autoreifen. All das ignoriert Gerlinde. Doch liegt der Müll höher aufgetürmt, ist er für sie interessant, weil sich ein Körper darunter verbergen könnte. Und jeder ins Wasser ragende Ast eines Baums wird von ihr kritisch begutachtet.

Durch ihre Suchaktion wird Gerlinde zu einer Expertin für Müll. Manchmal erschrickt sie, weil sie laut mit sich selbst spricht und über Friedrich schimpft, weil er ihr so viel Mühe bereitet.

Dann denkt sie wieder: Was mache ich hier nur für einen Unsinn?, und geht dann doch weiter. Denn hinter der nächsten Biegung könnte ja der Leichnam von Friedrich liegen. Und wenn sie ihn finden würde, könnte sie ihm ein Grab bereiten. Verwandte und Bekannte und die wenigen Freunde, die noch leben, zur Beerdigung und zur Trauerfeier einladen. Sie könnte sich ihrer Trauer widmen und endlich abschließen mit Friedrich.

Aber vielleicht ist er ja gar nicht tot! Das sind ihre schrecklichsten Gedanken. Kaum zu ertragende Vorstellungen, dass ihr dementer Mann, der die meiste Zeit nicht weiß, wo er sich gerade befindet, doch irgendwo auf der Welt herumirren könnte. Vielleicht liegt er als Obdachloser an einer Straßenecke, bettelt sich sein Essen für den Tag zusammen, wird wie ein vom Leben ausgespuckter Alkoholiker von den Passanten mitleidig angesehen. Vielleicht lebt ihr Friedrich irgendwo in einer anderen Stadt, ein in

Lumpen gehüllter Mensch, von dem man sich angewidert abwendet. Der unaufhörlich Selbstgespräche führt, seiner Gerlinde Vorwürfe macht, dass sie ihn nicht aus seinem Elend befreit.

Diese Ungewissheit! Diese schreckliche Ungewissheit!

Nicht zu wissen, ob ihr Friedrich noch lebt oder schon lange gestorben ist, macht Gerlinde ganz besonders in den stillen Stunden in der Nacht zu schaffen, wenn sie nicht schlafen kann. Es tut so weh! Und diese Ungewissheit quält sie immer mehr, je länger sie die Seeufer nach Friedrichs Leiche absucht.

Eines Tages entscheidet sich Gerlinde Neumann, mich anzurufen. Sie erzählt mir, dass ihr Mann seit fast zwei Jahren verschwunden ist. Sie berichtet auch von dem Hellseher und ihrer Suche. Sie berichtet von ihrer großen Verzweiflung, ihren gestorbenen Hoffnungen, den geliebten Ehemann noch einmal wiederzusehen, und von ihrem Wunsch, Friedrich endlich beerdigen zu können.

Ich rate Gerlinde zu einer Gesprächstherapie. Sie braucht jemanden, der ihr zuhört und ihr helfen kann, ihre Gedanken und Gefühle zu ordnen und richtig zu verarbeiten. Also empfehle ich ihr einen Mitarbeiter beim sozialpsychiatrischen Notdienst der Stadt und zeige ihr einen Weg, sich mit ihrer Situation auseinanderzusetzen. Bei einer Gesprächstherapie lernen Menschen, mit ihren Problemen umzugehen und selbständig Lösungen zu entwickeln.

Das ist wichtig für jemanden wie Gerlinde Neumann. Denn nicht selten ziehen sich Verwandte, Freunde, Bekannte oder Arbeitskollegen irgendwann zurück, weil sie es nicht länger ertragen, dass sich fast alle Gespräche und Gedanken nur um den Verschwundenen drehen. Sie fühlen sich hilflos, wissen nicht, wie sie helfen können. Die Angehörigen stranden in der Einsamkeit.

Einige Monate, nachdem ich mit Gerlinde Neumann gesprochen habe, ruft sie mich wieder an. Sie erzählt mir, dass sie nun regelmäßig zur Therapie geht und sich schon viel besser fühlt. Sie bedankt sich für die Unterstützung.

«Stellen Sie sich vor», sagt sie, «vor ein paar Wochen habe ich zum ersten Mal seit Jahren wieder gelacht.»

Ohne jede Spur

Geschichten wie die folgende ereignen sich jedes Jahr tausendfach. Die Angehörigen von Vermissten befinden sich von einer Stunde zur nächsten nicht nur in einer seelischen Extremlage, sie stehen oft auch vor einem organisatorischen und finanziellen Chaos.

Viele Jahre lang ist die Beziehung von Edith Langenscheid und Ralf Burbach so normal wie Millionen andere in Deutschland. Das Paar ist glücklich, zieht zusammen, später kaufen die beiden ein Haus. Jens, der 10-jährige Sohn von Ralf Burbach aus erster Ehe, wohnt bei ihnen. Die 43-jährige Edith kümmert sich so liebevoll um den Jungen, als wäre es ihr eigenes Kind.

Doch eines Tages ist die Welt nicht mehr in Ordnung, wie sie es jahrelang war. Morgens verlässt Ralf Burbach, 45, das Haus und kehrt nicht mehr heim. Am folgenden Tag gibt Edith eine Vermisstenanzeige auf. Dann erfährt sie auf der Arbeitsstelle des Partners, dass ihm wegen Unterschlagung gekündigt wurde. Edith kann das nicht glauben, ist wie vor den Kopf geschlagen. Doch sie ahnt nun, warum ihr Freund so plötzlich fort ist.

Immer wieder verschwinden Menschen, weil sie wirtschaftliche Schwierigkeiten haben. Der Schuldenberg drückt, eine Lösung der Probleme ist nicht in Sicht. Für viele Menschen scheint die Flucht in eine neue, unbekannte Zukunft der einzige Weg.

Doch für die Angehörigen beginnen damit große Probleme, die meist von heute auf morgen bewältigt werden müssen. Edith kann die Folgen des Verschwindens von Ralf anfangs noch nicht übersehen. Der Verlust des Mannes an ihrer Seite schmerzt. Der Junge versteht nicht, warum der Vater sie verlassen hat. Edith bemüht sich, die Fassade eines intakten Lebens aufrechtzuerhalten. Sie erzählt den Eltern des Freundes zunächst nichts von Ralfs Kündigung. Sie möchte seinen Ruf wahren. Noch hofft sie darauf, dass Ralf bald heimkehrt. Wenn sie am Ende eines arbeitsreichen und sorgenvollen Tages allein im Bett liegt, bittet sie Gott in einem stillen Gebet darum, dass Ralf nur eine kleine Auszeit genommen hat, um sein Leben zu überdenken und die Zukunft neu zu planen.

Edith ahnt noch nicht, wie sehr sich ihr Leben ändern wird. Sie ist verzweifelt über den Verlust des Partners, aber ihre Arbeit als Einkäuferin eines Bekleidungsgeschäfts verlangt tagsüber weiterhin von ihr den vollen Einsatz. Das lenkt sie immerhin von den Zukunftssorgen ab. Und wenn sie zu Hause ist, muss sie sich um Jens kümmern. Ihm morgens die Pausenbrote schmieren, ihn zur Schule fahren und ihn am Abend bei den Hausaufgaben unterstützen. Jens benötigt in dieser schweren Zeit besonders viel Aufmerksamkeit. Der Vater fehlt ihm. Er kann nicht verstehen, warum er ohne ein Wort des Abschieds so plötzlich verreist ist.

In den ersten Tagen prägt die große Sorge um den Vermissten den Lebensrhythmus der Familie. Doch als Ralf auch nach einem Monat noch nicht heimgekehrt ist, beginnt Edith damit, das Leben neu zu ordnen. Sie erkennt, dass nun existenzielle, finanzielle Probleme gelöst werden müssen.

Solange die Welt von Edith, Ralf und Jens in Ordnung war, musste man sich keine großen Gedanken um die Finanzen machen. Jetzt ist das anders. Das Paar hat für den Kauf des Eigenheims einen Kredit aufgenommen, von dem noch 200 000 Euro ausstehen. 1000 Euro beträgt die monatliche Rate. Das wird jetzt zum Problem, denn Edith hat keine Vollmacht über Ralfs Konto, und die Bank verweigert ihr einen Einblick in eventuell verfügbare Reserven. Zudem hat Ralf nie einen Dauerauftrag eingerichtet, sondern jeden Monat überwiesen. Nun ist absehbar, dass der Kredit gekündigt wird.

Edith macht sich natürlich weiterhin Sorgen, wie es ihrem Lebenspartner irgendwo da draußen geht. Fühlt er sich wohl in seinem neuen Leben? Oder tut er sich gar etwas an? Treiben ihn Selbstmordgedanken? Oder ist ihm doch etwas zugestoßen?

Ihr wird geraten, weiterhin die Krankenkassenbeiträge des Freundes zu begleichen. Denn es kann ja passieren, dass er schwer krank heimkehrt; und ohne Versicherung müssten eventuelle Arzt- und Krankenhauskosten dann privat bezahlt werden. Auch da drohte dann ein finanzielles Desaster.

Ralf Burbach hat auch seinen Wagen mitgenommen, als er verschwand. Was soll Edith nun tun: Versicherung und Steuer weiterhin bezahlen? Oder alles kündigen samt der angemieteten Garage?

Sie fragt sich natürlich auch, wie es mit dem Jungen weitergehen soll, denn die leibliche Mutter will sich nicht um ihr Kind kümmern. Natürlich kann Jens weiterhin bei ihr leben. Sie sorgt selbstverständlich für seinen Lebensunterhalt, der Junge ist ihr ans Herz gewachsen. Aber sie weiß, wenn sie abends am Küchentisch Kasse macht und ihr Erspartes überblickt, dass das nicht mehr lange so weitergeht. Dann ist sie besonders verzweifelt und auch wütend darüber, dass Ralf ihr das alles angetan hat.

Schließlich vertraut sich Edith nach langem Überlegen auch den Eltern des Partners an und weiht sie in die wirtschaftliche Situation ein. Nach dem ersten Schock machen sich die Angehörigen gemeinsam daran, den Sorgenberg nach und nach abzubauen.

Da die Polizei auch weiterhin keine Spur von dem Vermissten hat, wird ein wirtschaftlicher Notfallplan entwickelt und mein Rat beherzigt, beim Amtsgericht eine sogenannte Abwesenheitspflegschaft zu beantragen. Diese zählt in vielen Vermisstenfällen zu den wichtigsten Maßnahmen.

Einmal beriet ich beispielsweise die Mutter eines psychisch Kranken. Dieser warf der 70 Jahre alten Frau eines Tages seinen Wohnungsschlüssel in den Briefkasten und verschwand spurlos. In seiner Wohnung stapelten sich bald die Rechnungen. Der Arbeitgeber kündigte, und als die Gehaltszahlungen ausblieben, wurde das Konto gesperrt. Die Mutter, selbst nicht vermögend, versuchte zunächst, von ihrer kleinen Rente einige Schulden des Sohnes zu begleichen. Doch die Situation überforderte nicht nur ihren Geldbeutel, sondern auch ihre Kräfte. Die arme Frau kapitulierte vor den neuen Herausforderungen.

Bei einem Vermisstenfall müssen nämlich oft etliche organisatorische Entscheidungen getroffen werden: Soll die Wohnung aufgelöst werden? Was macht man mit dem Besitz des Verschwundenen – Möbel, Kleidung, Bücher und vieles andere mehr? Wie lange zahlt man die Krankenkassenbeiträge und andere Versicherungen? Verkauft man den Pkw? Wie sollte man mit möglichen Schulden umgehen?

Ich empfahl Edith Langenscheid also, beim Amtsgericht eine Abwesenheitspflegschaft zu beantragen. Dann beauftragt und bevollmächtigt das Gericht einen Rechtsanwalt oder einen Verwandten mit der Abwicklung des Vermisstenfalls. Eine solche Entscheidung wird innerhalb weniger Tage gefällt. Das zuständige Gericht hat dabei unter anderem folgende Aufgaben: Anordnung der Pflegschaft, Bestellung eines Pflegers, Aufsicht über den Pfleger, Festsetzung der Vergütung, Erteilung der betreuungsgerichtlichen Genehmigung zu bestimmten Rechtsgeschäften des Pfleglings. Die Aufgaben des Pflegers werden vom Gericht festgelegt. Dabei kann es sich um die Abwicklung von Bankgeschäften, Versicherungen, Wohnungen, Vermögen oder auch um persönliche Fürsorge nach der Heimkehr des Vermissten handeln.

Die rechtliche Regelung findet sich in Paragraph 1911 des BGB. Dort heißt es: «(1) Ein abwesender Volljähriger, dessen Aufenthalt unbekannt ist, erhält für seine Vermögensangelegenheiten, soweit sie der Fürsorge bedürfen, einen Abwesenheitspfleger. Ein solcher Pfleger ist ihm insbesondere auch dann zu bestellen, wenn er durch Erteilung eines Auftrags oder einer Vollmacht Fürsorge getroffen hat, aber Umstände eingetreten sind, die zum Widerruf des Auftrags oder der Vollmacht Anlass geben. (2) Das Gleiche gilt von einem Abwesenden, dessen Aufenthalt bekannt, der aber an der Rückkehr und der Besorgung seiner Vermögensangelegenheiten verhindert ist.»

Kaum jemand macht sich Gedanken darüber, dass Angehörige von Vermissten von einer Stunde zur anderen vor gewaltigen organisatorischen und wirtschaftlichen Problemen stehen, bei denen die Polizei nicht hilft.

Mit dem Gang zum Amtsgericht verbessert sich die Situation von Edith und ihrer Familie schlagartig. Endlich kann man handeln. Der Richter überträgt dem Vater des Vermissten die Abwesenheitspflegschaft, der nun endlich Einblick in das Bankkonto nehmen und wirtschaftliche Verfügungen treffen kann.

Schließlich wird der Wagen des Vermissten gefunden. Er wird verkauft, die Versicherung gekündigt. Edith und Ralfs Vater beschließen nach einiger Zeit, auch das Haus zu verkaufen. Edith und Jens ziehen in eine kleinere Wohnung um.

Einige Monate nach seinem Verschwinden wird die Leiche von Ralf Burbach gefunden. Er hat sich das Leben genommen.

ZWEI

Von Flucht und Freiheit

———

«Du kannst, denn du sollst.»
Immanuel Kant

Ein Manager on the road

Ein Tramper im Anzug? Mit Aktenköfferchen? Was will der denn?!

Manfred Kremin steigt auf die Bremse. Ächzend und stotternd kommt sein Lkw zum Stehen. Er schiebt seinen kräftigen Körper auf den Beifahrersitz, kurbelt das Seitenfenster herunter, lehnt sich hinaus. Er beobachtet, wie der Mann im Anzug mit schweren Schritten über den Seitenstreifen der Autobahnauffahrt auf seinen Lkw zurennt.

Ausgerechnet ein Lastwagen! Soll ich da wirklich mitfahren?, fragt sich Arndt Kreikenbaum. Doch seine Gedanken gehorchen ihm nicht. Fort. Einfach fort. Egal ob im Luxusschlitten oder im Lkw. Er rennt so schnell, wie es ihm seine unsportliche Figur erlaubt. Der Aktenkoffer schlenkert an seinem Arm wie ein Fremdkörper.

Manfred öffnet die Beifahrertür und setzt sich wieder auf den Fahrersitz. Wie lange dauert das noch? Wo bleibt der Mann? Er muss weiter.

Hoffentlich fährt er nicht einfach weiter, denkt Arndt. Seine Lunge arbeitet schwer. Der Atem ist kurz und schmerzend. Der Fahrer hat die Tür offen gelassen. Arndt steht jetzt neben dem Lkw und blickt hoch zur Fahrerkabine. Sieht aber niemanden.

«Nehmen Sie mich mit?», ruft er unsicher hoch.

«Nun mach schon, wenn du mitwillst. Hab keine Zeit zu verlieren», ruft Manfred.

Arndt überlegt, wie er hochkommt. Er ist noch nie in einen Lastwagen geklettert. Er hört die Aufforderung des Fahrers: «Wirf dein Köfferchen hoch.»

Also wirft er seinen Aktenkoffer auf den Beifahrersitz.

«Da ist ein Haltegriff rechts. Und ein Fußabtritt. Da rauf. Und dann mit Schwung rein.» Der Lkw-Fahrer reicht Arndt die Hand, als der mühsam auf den Beifahrersitz kriecht. Eine kräftige, wulstige Hand greift seinen Unterarm und zieht ihn in die Fahrerkabine.

«Tür zu.»

Manfred lenkt den Sattelzug auf die Autobahn. Der schwere Motor spielt eine dröhnend-bassige Melodie. Die beiden Männer sehen wie Brüder aus. Kleine Statur, aber Sitzriesen – kurze Beine, aber lange Oberkörper. Kleine dicke Bäuche, runde Köpfe, kurze speckige Nacken.

Die Kleidung zeigt den Unterschied. Der Brummifahrer trägt Jeans und ein rot kariertes Hemd, der Manager einen grauen Anzug, weißes Hemd und blau-weißen, schmal gestreiften Schlips mit Windsorknoten.

Beide schweigen. Das geht ja schon gut los, denkt Manfred. Viel hat der wohl nicht zu sagen. Wenn das bis Spanien so weitergeht ...

Wie spricht man mit einem Lkw-Fahrer?, fragt sich Arndt. Und über was redet man? Duze ich den? Er sitzt hier in der Fahrerkabine wie auf einem hohen Ross und fühlt sich ganz klein. Was mache ich hier?

Manfred starrt auf den Lkw vor ihm, sieht mit einem kurzen, scheuen Blick zu seinem Mitfahrer: «Ich will ja nicht persönlich werden. Aber vielleicht verrätst du mir mal, warum du hier neben mir sitzt?»

Arndt stammelt: «Wissen Sie. Ich hatte ... Ich meine ...»

Dann schweigt er. Was soll er sagen? Was geht den Mann sein Privatleben an?! Er hat nicht gelernt, über seine Probleme zu sprechen. Immer nur: Anpacken, Machen, Erledigen.

Schweigen im Motorendröhnen.

«Du musst ja nicht reden», sagt Manfred.

Arndt greift mit seiner linken Hand in die Jackentasche. Er sucht ein Taschentuch, um sich zu schnäuzen. Er spürt, dass seine Augen feucht werden. Nur nicht weinen! Er spürt in der Tasche aber nur die winzigen Kugeln zwischen seinen Fingerkuppen. Eine Erinnerung an seine Mutter. Sie hat ihm den Rosenkranz zu seiner Kommunion geschenkt. Damals glaubte er noch an Gott. Heute sind die Kirche und ihre Zeremonien nur noch eine verblasste Erinnerung. Ein Manager, der an Gott glaubt, funktioniert nicht richtig. Hundert Leute mit einer Unterschrift um Arbeit und Einkommen bringen passt nicht zum christlichen Weltbild. Irgendwann auf der Karriereleiter hat er sich vom Christentum verabschiedet. Zu viele Bedenken. Zu viel Grübeln. Den Rosenkranz trägt er trotzdem immer in der Jackentasche. Zum ersten Mal seit vielen Jahren spürt er wieder bewusst jedes einzelne Kügelchen an seinen Fingerspitzen. Irgendwie machen sie ihn stark.

«Vielleicht später. Lassen Sie uns später reden», sagt Arndt.

Nach 50 Kilometern fragt sich Manfred, ob es richtig war, den Fremden aufzulesen. Einen stummen Begleiter! Normalerweise nimmt er ja keine Tramper mit. Man weiß nie, was man bekommt. Mal sind sie geschwätzig, andere launisch und sauer, weil man zu kurze Stopps an den Raststätten macht. Oder sie sind aggressiv und man muss immer aufpassen, was man sagt. Aber dieser Typ im Anzug macht ihn neugierig.

Arndt überlegt immer noch, was er von sich erzählen soll. Manfred sieht hin und wieder zu seinem schweigsamen Mitfahrer hinüber und sagt sich: Was ist nur mit dem los? Äußerlich elegant und gestylt, aber innerlich scheint der ein Wrack zu sein.

Nach 100 Kilometern erzählt der Manager endlich was. Job gewechselt, von Süden nach Norden. 4000 statt 1000 Mitarbeiter. Täglich 18 Stunden statt 12. Stress statt Soll.

Nach 300 Kilometern fragt Manfred: «Wie weit willste eigentlich mitfahren?»

«Ich weiß nicht», flüstert Arndt unsicher. «Wohin fahren Sie denn?»

«Nach Spanien.»

«Dann nach Spanien», sagt Arndt, und fügt leise hinzu: «wenn Sie mich mitnehmen.»

«Klar, wenn du ab jetzt du zu mir sagst.»

Arndt schweigt. Was will er in Spanien? Hauptsache, weg.

Menschen wie Arndt Kreikenbaum, die von einer Sekunde zur anderen beschließen zu verschwinden, sind meist sprachlos. Vermisste sind Verlorene. Sie leben in einer Welt voller Schmerzen hinter Barrikaden des Schweigens. Sie suchen ihr Ich, wissen aber nicht, wo und wie sie damit beginnen sollen.

450 Kilometer sitzen die beiden Männer nun schon nebeneinander und sehen auf die Autobahn und die Lkw und die anderen Autos vor sich.

«Weg von meinem Job», sagt Arndt mit einem Mal laut, ohne dass er es merkt. «Ich hab's einfach nicht mehr ausgehalten. Termine. Konferenzen. Entscheidungen. Stress. Hetze. Können Sie ... äh, kannst du dir das vorstellen?»

Langsam ahnt Manfred, wer da auf dem Beifahrersitz sitzt. «Bist du auf der Flucht?»

Arndt lacht leise: «Vor mir selbst.»

Manfred zieht die Stirn in Falten, kann nicht so richtig folgen. Er ist Fernfahrer, kein Philosoph. «Was machste denn?»

Arndt überlegt. Soll er sich einem wildfremden Menschen anvertrauen? «Ich bin ... ich war Chef eines großen Unternehmens. Ich hab vor einem halben Jahr den Betrieb übernommen. Komme eigentlich aus Süddeutschland. Da war ich in einem mittelständischen Unternehmen. Viel Arbeit. Klar. Überschaubare Verantwortung. Gutes Management unter mir. Jetzt ist es genau das Gegenteil. Schlechtes Mittelmanagement. Schwierige Auftragslage. Und für alles allein die Verantwortung.»

Während sie fahren, passieren sie ganz unspektakulär Staatsgrenzen, die Sprachen auf den Verkehrsschildern ändern sich und die Verkehrsregeln. Europa eben. Nur sie selbst bleiben, was sie sind.

Nach 1200 Kilometern, nach Tag und Nacht fragt Manfred: «Was hast du denn deiner Frau in deinem Abschiedsbrief geschrieben?»

«Ich habe ihr nicht geschrieben.»

«Gar nichts?»

«Nichts.»

Vermisste hinterlassen keine Abschiedsbriefe. Sie verschwinden, weil sie in größter Not sind. Panik im Kopf. Für ihre Probleme sehen sie keine Lösung, wollen einfach nur vergessen. Sofort und für immer. Manche nehmen in ihrer Verzweiflung einen Strick und gehen in den Wald. Die meisten flüchten aus ihrem Alltag in eine fremde Zukunft. Ohne Ziel. Ohne Plan. Ohne Wohin und Warum. Bis sie irgendwann irgendwo stranden und dann endlich zur Ruhe kommen und den Ballast der Vergangenheit nach und nach von sich streifen.

«Erklärungen, Worte können so banal sein», sagt Arndt und trinkt einen Schluck aus der Wasserflasche. «Ich kann nicht mehr! Hätte ich das schreiben sollen?! Ich kann nicht mehr? Ich habe nicht meine Familie verlassen, ich habe mich selbst verlassen. Ich bin nicht mehr. Ich fühle mich nicht mehr. Das ist zu kompliziert für einen Abschiedsbrief.»

Es sind nur noch zweihundert Kilometer bis Barcelona. Hinter ihnen liegen viele Landschaften und Straßenschilder und Rastplätze und Autos und Gedanken über die Zukunft. Der Lkw kriecht hinter einem mit Tomatenkisten beladenen Pick-up einen Hügel hoch. Da fragt Manfred: «Warum fährst du mit mir nicht einfach wieder zurück?»

Arndt schweigt viele Autobahnabfahrten lang. Zurückfahren? Weitermachen wie bisher? Alles auf Anfang?

Manfred redet irgendwann weiter: «Ich bin mal fremdgegangen. Während einer Tour nach Italien. Eine Tramperin. Tolles Mädchen. Finnin. Ich hab lange überlegt, ob ich es meiner Frau erzählen soll. Das hätte die ja nie gemerkt. Aber ich wollte, dass zwischen uns klar Schiff ist. Wenn man so oft und so lange getrennt ist, muss klare Linie sein in der Ehe. Ich würde ja auch wollen, dass sie mir sagt, wenn sie einen Liebhaber hat.»

Der Manager blickt verständnislos zu seinem Chauffeur

rüber, als hätte der ihm ein unsittliches Angebot gemacht. «Das ist doch was anderes.»

Der Fernfahrer lässt sich nicht beirren. «Ich hab auch Angst gehabt. Dass sie mich verlässt.»

Arndts Stimme wird hart. «Ich habe keine Angst.»

Manfred lacht mit ein wenig ironischer Würze in der Stimme. «Wo ist denn der Manager, der mit Krisen umgehen kann? Sei doch ehrlich zu dir. Du hast versagt. Wie ich mit der Finnin. Dich hat der Stress mit den Mitarbeitern umgehauen und mich die Titten von der Tramperin.»

Arndt kriecht in die Schlafkoje hinter den Sitzen und zieht sich die graue, grobe Wolldecke übers Gesicht. Tageslicht ist Wahrheit.

Doch der Lkw-Fahrer gibt nicht auf. «Mann, dir steht doch das Wasser bis zum Hals. Kein Zuhause mehr. Kein Job. Nur noch 'ne Aktentasche mit 'nem ollen Terminkalender», redet Manfred weiter, während er überlegt, ob er wieder auf die rechte Spur lenken kann. Hinter ihm drängeln die Fahrer in den schnellen Autos. «Warum kannst du nicht einfach wieder auf der Überholspur weitermachen? Ziehst mit deiner Frau in eine kleine Wohnung. Suchst dir 'nen neuen Job, wo du besser klarkommst. Fertig. Probleme gelöst.»

Arndt lacht glucksend. «So einfach?!»

«Ja, so einfach. Du kannst ja Lkw-Fahrer werden.»

Arndt prustet lachend los: «Ich?!»

«Warum nicht? Das ist ein guter Job. Wer 'ne Firma lenken kann, der kommt auch mit 'nem Laster zurecht.»

Arndt schiebt langsam die Decke zur Seite, hebt den Kopf und sieht Manfred an. «Und meine Probleme?»

«Die kannste ja dann während der Fahrten lösen.» Er lässt das Gespann laufen. Berg runter geht immer gut.

65

Arndt schiebt seinen verspannten Körper wieder auf den Beifahrersitz. Er kann nicht schlafen. Er kann nicht denken. Und er will es auch nicht. Warum nicht spontan sein? Warum nicht einfach zurück den Weg in ein neues Leben? Fortlaufen kann jeder. Er lacht Manfred breit an. «Dann mal los. Ich fahr mit dir zurück.»

Manfred grinst. «Das mag ich an richtigen Managern: Die treffen Entscheidungen und fackeln nicht lang herum.»

Gestrandet in der Fremdenlegion

Es ist ein schöner, milder Sommersonntag. Nur selten fährt ein Auto durch die einzige Straße im Dorf. In zugigen Scheunen stehen große, grüne Trecker. Schwarz-weiße Kühe harren regungslos unter Trauerweiden aus, nur ab und zu versuchen sie mit ihren Schwänzen die Fliegen zu verscheuchen. Die meisten Bewohner des Ortes sitzen am Mittagstisch und essen ihre bürgerlichen Mahlzeiten, sonntags immer mit Fleisch und Nachtisch.

Eine solche gemächliche Stimmung trägt dazu bei, dass ein junger Mensch auf den Gedanken kommt, sein Glück in der Ferne zu suchen. Zwar verschwinden Menschen selten allein aus Abenteuerlust, aber Mike Rasdorf treibt der Drang nach Freiheit an. Er will ein neues Leben in einer fremden, aufregenderen Welt.

An diesem stillen Sonntag, der in einem solch abseits gelegenen Dorf auch nicht viel anders ist als die Montage, Dienstage und all die anderen Tage, verschwindet der 17-Jährige, als ob es das Normalste auf der Welt wäre. Er sagt «Bis später», verlässt die Wohnung und kommt nicht zurück. Seine Familie bleibt geschockt, enttäuscht, verzweifelt und mit vielen Fragen zurück. Seit diesem Sonntag ist für die Familie Rasdorf für lange Zeit die Welt aus den Fugen geraten. Der Sohn verschwindet ohne eine Erklärung, ohne Murren und Klagen und bleibt für vier Wochen verschollen. Seine Schreinerlehre wirft er hin, eine Nachricht für den Chef und die Kollegen gibt es nicht. Sein Jugendzimmer bleibt unaufgeräumt wie häufig. Und Freundinnen und Freunde aus dem Dorf und in der entfernt gelegenen Stadt stehen vor einem Rätsel.

Mike reist ohne großes Gepäck. Er überlegt erst, seinen Reisekoffer zu nehmen, doch dann packt er nur einen kleinen Rucksack. Viel braucht er ja nicht, ein paar Kleidungsstücke, Zahnbürste und Zahnpasta, vor allem aber Freiheit.

Mikes zwei Jahre älterer Freund Alex wartet schon im Auto vor dem Haus. Mike schaltet das Autoradio an, und Alex gibt Gas. Für Benzin, Essen und ab und zu ein Bierchen reicht ihr Geld. Es ist ja schönes Wetter, und sie machen dort halt, wo es ihnen gefällt, und übernachten im Wagen. Sie fahren zunächst geradewegs nach Holland. Mike kennt Zandvoort von einer Urlaubsreise mit den Eltern. Er verbindet nur Gutes mit dem Badeort an der Nordsee. Hier hat er sich damals verliebt, hier war er glücklich.

Als Mike und sein Freund Zandvoort erreichen, kommt es ihnen vor wie das Paradies. Schon am ersten Tag lernen sie zwei deutsche Mädchen am Strand kennen. Ihre Stimmung passt zum guten Wetter. Die beiden jungen Männer beeindrucken die neuen Freundinnen mit ihrem Abenteurertum. Sie gehen mit ihnen in eine Strandbar. Auf der Toilette färbt eines der Mädchen Mike die blonden Haare schwarz. Nur so zum Spaß, vor allem aber, damit er nicht so schnell erkannt wird, falls man wirklich nach ihm sucht.

Später besuchen die vier eine Disco. Anschließend geht es zurück zum Strand, wo sie in Strandkörben herumknutschen. Als es zu kalt wird, setzen sie sich in Alex' Wagen. Plötzlich klopfen zwei Polizisten der holländischen Gendarmerie an die Scheibe der Fahrerseite und fragen in holprigem Deutsch, ob alles in Ordnung sei. Die Jungen ziehen erschrocken und mit geröteten Köpfen ihre Hosen hoch. Die Mädchen senken den Blick und schieben die BHs und die Miniröcke sittsam an die richtigen Körperstellen, und Alex stammelt: «Alles okay!»

Für zwei Jungen an der Schwelle zum Erwachsensein ist das Freiheit. Sex, wie er sich gerade ergibt. Haltmachen, wo man will. Und wenn man Lust auf einen anderen Ort und andere Menschen hat, dann fährt man weiter.

Die beiden jungen Männer reisen nach Paris und genießen die lockere Lebensart der Franzosen. Sie lernen Französinnen kennen und pendeln zwischen Discos, Restaurants und Cafés.

Nach zwei Wochen stehen Mike und Alex dann mit ihrem Wagen vor dem Eiffelturm in Paris und sind fast pleite. Mädchen und Geld sind weg. Sie hungern und lungern ein paar Tage auf den Bänken an der Seine herum, wo viele Bettler gerne ihre Tage verbringen. Schließlich erinnert sich Alex an den Tipp, den ihm ein paar Franzosen gegeben haben. «Lass uns nach Marseille fahren und bei der Fremdenlegion anheuern», schlägt er Mike vor, «vielleicht ist das ja ein schönes Abenteuer.»

Die Fremdenlegion. Diese berühmt-berüchtigte Freiwilligenarmee, die 1831 von Frankreichs König Louis-Philippe I. gegründet wurde, war schon immer Zufluchtsort für Gestrandete und Straffällige, Verzweifelte und Verwirrte, Mutige und Übermütige. Wer diese Militär-Manege einmal betritt, ist zunächst einmal vor Strafverfolgung, Alltagssorgen und Angehörigen sicher. Und auch vor einem eigenverantwortlichen Leben, denn wer hier landet, bekommt seinen Tagesablauf und das Denken vorgeschrieben. Und ausgerechnet dort landet der 17-jährige Mike. Ein Jugendlicher, der die Welt und die Freiheit kennenlernen möchte.

Schon auf dem Bahnhof von Marseille begegnen die beiden Deutschen Gleichgesinnten: Junge Menschen mit Rucksäcken, die ihr Heil in einem Leben hinter Kasernenmauern suchen. Mike und Alex melden sich im Rekrutierungsbüro, wo man sogar Deutsch spricht. Gemeinsam mit anderen Aspiranten für die Freiwilligen-Armee werden sie in einem Bus zur Kaserne außerhalb der Hafenstadt gefahren. Dort gibt es erst einmal Essen und einen Schlafplatz. Am nächsten Tag werden die Neuankömmlinge zu ihren Personalien und nach den Gründen für den Ausstieg aus dem bürgerlichen Leben und den Eintritt in die Fremdenlegion befragt: Haben Sie Probleme mit der Polizei? Werden Sie gesucht? Drogen- oder Alkoholsucht? Schulden? Familienprobleme?

Es spielt keine Rolle, ob jemand mit Ja oder Nein antwortet. Der Mythos, dass ein Mann mit seiner Vergangenheit brechen kann und bei der Legion eine neue Identität erhält, trifft tatsächlich zu. Gerade das, der Wechsel von der bürgerlichen Existenz in eine neue, von Männlichkeitsritualen geprägte Umgebung, übt auf viele Kandidaten eine große Anziehungskraft aus. Auch auf Mike und Alex. In der Fremdenlegion, so glauben sie, können die Vermissten ihr bürgerliches Leben hinter sich lassen und mit der Uniform ein neues Leben überstreifen.

Die Fremdenlegion ist eine ganz besondere militärische Einrichtung. Knapp 9000 Soldaten aus über 140 Nationen stehen bei ihr unter Waffen. Tausende wollen jedes Jahr mitmachen, verpflichtet werden gerade einmal 800. Die

Fremdenlegion ist ein Staat im Staat. Am Kasernentor enden die Befugnisse anderer französischer Behörden. Selbst für die französische Polizei ist es schwer, etwa in Vermisstenfällen, Auskünfte von der Legion zu erhalten. Allein schon, weil nach dem Eintritt in die Truppe die Personalien des Legionärs geändert und die alten Herkunftsnachweise streng unter Verschluss gehalten werden.

Während der ersten drei Wochen darf man noch selbst bestimmen, ob man bleiben oder wieder gehen will. Danach hat nur noch die Legion das Recht, einen Soldaten zu entlassen. Wer bleibt, muss sich für fünf Jahre verpflichten, wer abhaut und damit Fahnenflucht begeht, wird mit drei Monaten Gefängnis bestraft. Die ersten fünf Monate ist der Rekrut von der Außenwelt abgeschnitten. Er darf keinen Kontakt zu Freunden und Familie haben. Kein Handy. Keine Kreditkarte. Später gibt es Ausgang nur in Uniform, die am Kasernentor penibel kontrolliert wird. Da wird sogar der korrekte Abstand zwischen Hosenbein und Schuhabsatz mit dem Lineal vermessen. Schon eine schlecht liegende Bügelfalte kann zu Arrest führen.

Mike beeindrucken die extreme Disziplin und brutale Kampfmoral nicht. «Wirklich wichtig», meint er zu seinem Kumpel, «sind für mich jetzt erst mal die zwei Mahlzeiten am Tag und ein Bett.»

Früh am Morgen reißt der schrille Ton einer Trillerpfeife Mike aus dem Schlaf. Der Junge schreckt hoch und schlägt mit dem Kopf gegen das Bett über ihm. Die Stockbetten sind ziemlich knapp bemessen. Die lauten, zackigen Befehle sind nur auf Französisch. In einer Reihe antreten. Gruppenweise unter die Dusche. Nur kaltes Wasser. Eine Minute unter dem eiskalten Strahl ausharren. Abtrocknen.

Anziehen. Raustreten. Im Laufschritt zur Wiese am Haupttor. In einer Reihe antreten.

«Die Fremdenlegion ist doch nicht so mein Fall», flüstert Mike am zweiten Morgen in der Kaserne seinem Freund zu. In diesem Moment weiß er: Er hasst Soldaten und Söldner und vor allem diesen Drill. Morgens um 5 Uhr zusammen mit 200 Mann 30 Liegestütze machen. Wer die Übung nicht beim ersten Durchlauf schafft, bekommt eine Solonummer. Raus aus der Reihe, 30 Liegestütze noch einmal von vorne beginnen. Dann wieder rein in die Reihe und im normalen Tempo mithalten. Später muss er an einem fünf Meter langen Seil in einem Schwung hochklettern. Danach in zwölf Minuten mindestens 2600 Meter weit laufen. Der Drill am ersten Übungstag schlaucht nicht nur Mikes Körper, auch seine Stimmung sinkt auf den Nullpunkt.

«Die Ausbildung bei der Fremdenlegion ist hart, brutal und manchmal sadistisch», warnt ihn am Abend ein älterer Mann, mit dem Mike zufällig nebeneinander vor der Baracke sitzt. «Wenn du das nicht willst, musst du gehen. Legionäre werden hier zu gefühllosen Maschinen erzogen. Töten wird ihr Beruf.»

Die jungen Leute aus aller Welt kommen trotzdem und manche auch gerade deswegen. Die Rekrutierungsbüros in Straßburg und Marseille haben viel zu tun. Bei der Fremdenlegion finden vor allem auch gestrauchelte und verwirrte Existenzen Unterschlupf: der Kriminelle auf der Flucht vor dem Richter, der Ehemann auf der Flucht vor Unterhaltszahlungen, der Gewaltfanatiker auf der Suche nach schweren Waffen. Und Träumer. Träumer wie Mike.

Das Leben beim Militär ist härter, als es sich der junge Deutsche vorgestellt hat. Auch bei den Übungen gilt in der

Legion der Leitspruch: So praxisnah wie möglich! Hier wird Kampfgeist geprobt nach dem Motto: Jeder Tropfen Schweiß im Training ist ein Tropfen Blut weniger im Gefecht. Mike erkennt, dass ihn kein unbeschwerter Urlaub erwartet.

Am Abend des zweiten Trainingstages liegt Mike in seinem Bett und denkt zum ersten Mal an seine Familie. Wie geht es wohl seiner Mutter und dem Vater? Er hatte ja keinen Streit mit ihnen. Er ist einfach fortgegangen, weil er endlich mal frei von allen Regeln und Vorschriften und Terminen sein wollte. Suchen sie nach ihm? Waren sie bei der Polizei? Mike verdrängt die Bilder von der weinenden Mutter. Er kann sich nicht damit belasten. Nicht jetzt. Nicht hier, wo doch die Tests schon so hart sind, dass er am liebsten sofort abhauen würde. Die jungen Rekruten erfahren am eigenen Körper, was es bedeutet, wenn die Soldaten der angeblich schlagkräftigsten Armee der Welt auf Einsätze an vorderster Front vorbereitet werden. Im Golfkrieg rollte die Legion 20 Kilometer vor der Front der Amerikaner das Schlachtfeld auf.

Auch am dritten Tag setzt sich der harte Drill fort. Das Marschtempo wird erhöht, der Ton der Befehle schärfer, die Pausen werden kürzer. Entfernungsmarsch bei knallender Sonne über 50 Kilometer. Der letzte Kilometer wird gesprintet mit vollem Gepäck – 30 Kilo Gewicht auf dem Rücken. Mike erfährt die Grenze seiner Belastbarkeit. «In diesem Haufen von Verrückten bleibe ich nicht länger», klagt er in einer Pause seinem Freund. Alex dagegen fühlt sich gefordert und in Form und tröstet Mike: «Du gewöhnst dich an den Stress. Ist doch alles nur Sport.»

Doch der 17-Jährige kommt zur Besinnung. «Es war

73

nicht richtig, von zu Hause abzuhauen», gesteht er seinem Freund, als sie abends auf den Stufen zu ihrer Baracke sitzen. Es sind Räume mit dem Flair von Ställen. 50 Meter karger Betonraum. 50 Mann in Stockbetten aus Metall. Geruch von Schweiß und Moder.

«Mensch, denk mal! 60 Prozent der Kandidaten hier fallen durch die Tests, haben die Ausbilder heute gesagt. Die Legion kann sich ihre Bewerber aussuchen. Die haben keine Nachwuchsprobleme. Jeden Tag kommen hier 20, 30 Neue an. Die brauchen mich nicht», stöhnt Mike. «Lass uns hier morgen abhauen. Mich nehmen sie sowieso nicht. Ich schaffe das nicht.»

Der Freund nimmt ihm jedoch die Illusionen von einem schnellen Ende der Tortur. «Du kannst hier nicht einfach aussteigen, wann du willst! Die ersten fünf Tage mit den Tests musst du schon durchhalten.» Alex lacht. «Hast du etwa den Befehl vom Leutnant vergessen? Marschier oder stirb!»

Zu Hause in Deutschland geben Mikes Eltern nach einer Woche eine Vermisstenanzeige bei der Polizei auf. Die Beamten in der Wache des kleinen Dorfes machen ihnen Vorwürfe, dass sie erst jetzt gekommen sind. Gleichzeitig weisen sie darauf hin, was für einen Aufwand sie bei der Polizei mit der Anzeige in Gang setzen. Allein die Eingabe in die Fahndungs- und Auskunftsdatenbank der Polizei, kurz Inpol genannt, nimmt viel Zeit in Anspruch.

«Vermisste Jugendliche sind für uns ein Problem. Jedes Jahr verschwinden rund 40 000 Kinder und Jugendliche», erzählt der Polizeibeamte. Manche gehen für wenige Tage fort, andere bleiben Monate oder für immer. Manche kommen nie mehr zurück, weil sie Opfer eines Verbrechens werden. Und bei jedem Fall müssen sich die Polizisten fragen: Bleiben wir gelassen und warten ab, oder müssen wir schnell handeln und die Suche nach dem Verschwundenen intensivieren? Dann müssen Freunde befragt, Jugendtreffs aufgesucht und manchmal sogar Häuser durchsucht werden.

Die Eltern von Mike haben es sich nicht leicht gemacht mit ihrer Entscheidung. Sollten sie das Verschwinden des Jungen offiziell machen? Und wem erzählt man sonst davon? Schadet man dem Kind für die Zukunft, oder wird so ein Vorfall als kleine Jugendsünde abgetan? Der Vater informiert den Ausbilder von Mike. Die beiden Männer verständigen sich darauf, dass Mike zunächst einmal Urlaub bekommt. Verwandten, Bekannten und Nachbarn erzählt man von einer spontanen Urlaubsreise.

Doch hinter verschlossenen Türen wird diskutiert und gestritten. Der Vater drängt zum Schweigen, die Mutter will endlich etwas tun. Vielleicht ist Mike ja etwas passiert, wird er irgendwo festgehalten, vielleicht gar gefoltert. Die Mutter ruft heimlich in den Krankenhäusern der Umgebung an und fragt nach, ob ein junger Mann nach einem Unfall aufgenommen wurde. Die engsten Freunde ihres Sohnes drängt sie, ihr zu sagen, was wirklich los ist. Doch keiner weiß etwas. Sie sind nicht eingeweiht in Mikes Pläne.

Zunächst erleichtert sind Mikes Eltern, als sie von Alex' Eltern erfahren, dass Alex zu einem Kurztrip nach Holland aufgebrochen ist und Mike wohl mitgenommen hat. Doch als der Urlaub des Freundes herum ist und die beiden nicht zurückgekommen sind, beschließt Mikes Vater, aktiv zu werden. «Wir können uns einfach nicht vorstellen, dass unser Mike einfach so abhaut. Er hat ja nichts mitgenommen, außer ein paar Sachen.»

Mike ist inzwischen ausgestiegen aus der Fremden-legion. Nach fünf Tagen nimmt er seinen Abschied. Am letzten Tag rauscht er auch noch durch die Sportprüfung. Beim 4000-Meter-Lauf stolpert er und schafft die vorgege-bene Zeit von 25 Minuten nicht. Sein Kumpel hingegen hat Spaß gefunden am Leben in der Legion und beschließt zu bleiben. Mike hat ein wenig Geld für seinen Dienst bekom-men. Für die fünf Tage knapp 100 Euro. Vor der Kaserne, draußen vor dem Tor, wirft Mike eine Postkarte an seine Eltern in den Briefkasten. Sie sollen wissen, dass es ihm gut geht. «Habe Geld und Arbeit. Sucht mich bitte nicht», sind die wenigen Worte auf der Karte.

Mike plant, nach Spanien zu trampen, um dort zu arbei-ten, und später mit dem Schiff nach Marokko weiterzurei-sen. Als er an der Autobahnauffahrt steht, überlegt er zwar noch einmal kurz, ob er nicht vielleicht doch heimreisen sollte. Doch da ist die Scham. Vor den Eltern, den Verwand-ten. Den Freunden. Den Kollegen am Arbeitsplatz. Wie sollen die verstehen, dass er einfach mal Lust auf Freiheit hatte? Und wie kann er zugeben, dass er in der Fremden-legion versagt hat?

Da ist so viel, das er erlebt und zu verarbeiten hat. Ein Lkw-Fahrer nimmt Mike und zwei Kameraden aus der Fremdenlegion, die ebenfalls aufgegeben haben, mit nach Spanien. Die Abenteuertour des 17-Jährigen geht weiter.

Der Trucker mag die drei Tramper. Er bietet ihnen an, mit ihm durch die Lande zu fahren und beim Beladen zu helfen. So beliefern die Kurzzeit-Fremdenlegionäre jetzt Stierkampfarenen mit bunten Stoffen. Sie fahren an der

Küste entlang, von Barcelona bis nach Málaga und wieder zurück.

Im Hafen Barcelonas endet jedoch Mikes Abenteuer. Es ist spät in der Nacht, als Mike und seine neuen Freunde aus einer Hafenbar zu ihrem Lkw zurückgehen wollen. Sie übernachten immer auf einem Deckenlager unter dem Wagen, während der Trucker selbst in seiner Koje in der Fahrerkabine schläft. Als die drei jungen Männer um eine Hausecke gehen, stehen vier vermummte Männer vor ihnen. Sie bedrohen sie mit Messern und fordern Geld.

«Wir haben nichts», ruft Mike. Die drei werfen den Angreifern ihre Rucksäcke zu und versuchen zu flüchten. Doch sie kommen nicht weit, werden brutal verprügelt, bis irgendwann die Polizei kommt.

In Begleitung spanischer Polizisten steht Mike mit geschwollenem, schmerzverzerrtem Gesicht am nächsten Morgen im deutschen Konsulat. Er soll auf Anweisung der Spanier zurück nach Deutschland. Doch die deutsche Behörde erleichtert ihm nicht die Heimreise. Das Gesetz verpflichtet eine Botschaft oder konsularische Vertretung zwar, Deutschen, die im Ausland in Not geraten, zu helfen. Doch Hilfe ist immer auch eine Frage der persönlichen Betrachtung. Mike steht in verdreckter Kleidung auf dem Konsulat, erzählt von dem Überfall und fragt: «Haben Sie vielleicht einen Platz zum Schlafen für mich oder ein paar Euro für eine Unterkunft?»

Der Konsulatsmitarbeiter lehnt das ab. «Da kann ja jeder deutsche Tourist kommen und uns eine Geschichte erzählen, um sich seinen Urlaub zu finanzieren.»

Man gibt ihm lediglich ein bereits vorbereitetes Schreiben, in dem erklärt wird, wie man sich telegraphisch aus

77

Deutschland Geld überweisen lassen kann. Mike ruft noch am Abend zu Hause an, erreicht aber seine Eltern nicht. Er telefoniert schließlich mit einem Freund, der ihm das Geld für die Rückreise überweisen will. In der Nacht schläft Mike in einem Park, deckt sich mit Palmenblättern zu. Am nächsten Tag geht er alle paar Stunden zum Postamt, fragt vergeblich nach, ob Geld für ihn eingetroffen ist.

Zwei Tage muss er warten, bis das Geld endlich da ist. Zwei Tage und zwei Nächte hungert er. Von den 500 Euro, die ihm der Postbeamte schließlich übergibt, kauft er sich ein Zugticket nach Hause.

Es ist Abend, als Mike vor dem Haus seiner Eltern steht. Als er klingelt, fragt die Mutter durch die Tür: «Wer ist da?»

«Dreimal darfst du raten», antwortet Mike.

Die Mutter drückt und herzt ihn und wundert sich über Mikes schwarz gefärbte Haare, und auch Mike ist froh, wieder zu Hause zu sein. Zumal seine Eltern sehr vernünftig reagieren und ihm erst einmal Zeit lassen, sich wieder einzuleben. In der Familie, in seinem Jugendzimmer, in seinem Freundeskreis und auf der Lehrstelle.

Doch danach stellen ihm die Eltern die entscheidende Frage, wollen die Wahrheit hören. Mike sitzt auf der Wohnzimmercouch und erzählt: «Warum ich abgehauen bin, ist eigentlich schwer zu erklären. Nicht, dass ich riesige Probleme gehabt hätte. Es ist eher so ein Gefühl, wenn man da so sonntags zu Hause sitzt. Da denkt man sich, dass man sein Leben jetzt einmal selbst bestimmen will und was anderes erleben möchte. Jetzt fährst du in die Welt, habe ich gedacht, arbeitest nur, um dich selbst zu ernähren. Du bist eben frei. Ich habe mir auch keine großen Gedanken gemacht. Über euch. Meine Lehre. Meine Freunde. Meine

---

78

Zukunft. Einfach ein paar Sachen eingepackt, mich zu meinem Freund in den Wagen gesetzt und ab.»

Die Mutter fragt Mike: «Wenn du jetzt auf die Zeit zurückblickst, hast du irgendetwas gelernt?»

Mike überlegt nicht lange. Er streicht sich mit einer selbstbewussten Geste die Haare aus dem Gesicht und erklärt: «Ja, doch. Einerseits war nichts mehr wirklich wichtig. Man saß abends in einem Café oder lag am Strand oder auf einer Wiese und dachte nicht an den nächsten Tag. Ich habe gelernt, wie lächerlich und unwichtig manche Probleme sind, die man sich macht, wenn man zu Hause lebt. Die Probleme, die mir daheim so unlösbar schienen, waren plötzlich – nach der Fremdenlegion, dem Hunger, dem Überfall – so klein.»

Die Mutter fragt: «Und du hast nie daran gedacht, wie es uns damit geht?»

Mike nickt. «Ja. Doch. Schon. Ich habe an euch gedacht. Aber mir ging es mehr darum, mich um mich selbst zu kümmern und mich irgendwie zu versorgen. Ich hatte Hunger. Irgendwie war da oft nur der Gedanke, wie man überleben kann. Arbeiten. Pennen. Essen. Ich habe auch nicht damit gerechnet, wieder nach Hause zurückzukommen. Ich wollte ja nach Marokko runter, wenn der Überfall nicht gewesen wäre ...» Er hält kurz inne und schaut seine Eltern an. «Aber ich bin sehr froh, wieder bei euch zu sein.»

Verwirrt in New York

An einem Morgen im Mai ist Karlheinz Kerner plötzlich weg. Ohne erkennbaren Grund, ohne einen Hinweis auf seinen Verbleib, ohne Abschiedsbrief. Maria Anders, seine Lebensgefährtin, hat so etwas noch nie erlebt. Dass Menschen verschwinden und warum sie das machen, darüber hatte sie bis zu diesem Tag noch nie nachgedacht.

Maria ahnt jedoch, was passiert sein könnte. Der Freund befindet sich wegen seiner Depression in ärztlicher Behandlung. Sie befürchtet nun, dass sich seine Krankheit schlagartig verschlimmert haben könnte. Denn so ein Verhalten kennt sie von ihm nicht. Karlheinz ist ein sehr beliebter, sympathischer Mensch. Er war bisher vor allem auch ein zuverlässiger, ein fürsorglicher Partner. Darüber hinaus ein kreativer Mensch, Werbekaufmann von Beruf. Maria ist ebenfalls als Werbekauffrau tätig, arbeitet mit ihrem Freund zusammen. Sie ist eine selbstbewusste Frau, die ihr Leben im Griff hat. Ihr Rückgrat ist ihr Verstand, Emotionen sind ihr eher Last als Befreiung. Karlheinz und Maria sind ein erfolgreiches Unternehmerpaar.

Maria Anders hatte für das Wochenende einen Kurzurlaub geplant. Das Paar wollte mal die Arbeit vergessen, entspannen. Doch am Morgen der Abfahrt ist Karlheinz weg. Maria kontrolliert, ob er persönliche Dinge mitgenommen hat, doch Pass, Geld und Kreditkarten liegen auf dem Schreibtisch im Büro.

Maria ruft zunächst Verwandte und enge Freunde an und fragt, ob sich Karlheinz bei ihnen gemeldet hat oder ob sie eine Erklärung für sein Verschwinden haben. Doch niemand weiß etwas. Maria ist sich jetzt sicher, dass irgendetwas nicht stimmt. Karlheinz hätte ihr auf jeden Fall eine Nachricht hinterlassen.

Die 40-Jährige irritiert auch, dass der Freund offenbar seine schwere Lederjacke und dicke Winterschuhe angezogen hat – das passt nicht zu diesem besonders warmen Morgen im Mai. Es ist 11 Uhr vormittags, als Maria auf der Polizeiwache eine Vermisstenanzeige aufgeben will. Zwei junge Beamte schlagen jedoch vor, zunächst noch einmal in der gemeinsamen Wohnung und im Büro des Vermissten nach Hinweisen zu suchen.

Doch als auch die Polizisten nichts finden, kehrt Maria mit ihnen zurück zur Polizeiwache, um die Anzeige aufzugeben. Sie malt sich aus, dass man einige Streifenwagen-Besatzungen in die nahegelegenen Rheinauen schickt, um den Freund dort zu suchen. Sie denkt auch, dass man in den Krankenhäusern nachfragen wird, ob der Lebensgefährte vielleicht dort eingeliefert wurde. Doch zunächst muss sie einem weiteren Polizeibeamten Rede und Antwort stehen. Mehr als eine Stunde dauert die Befragung. Danach möchte Maria wissen, was nun passieren wird.

Der Polizeibeamte antwortet lakonisch: «Nichts.»

Maria glaubt, nicht richtig zu hören. Gerade hat sie eine Stunde lang die Fragen des Polizisten beantwortet. Und das soll es gewesen sein?

«Gehen Sie ihn denn nicht suchen?»

«Dafür haben wir leider keine Zeit. Was glauben Sie, wie viele Vermisste im Jahr bei uns gemeldet werden. Wenn wir jeden mit einem Großaufgebot suchen würden, könnten wir keine Kriminellen mehr fangen.»

«Aber was soll ich denn jetzt machen?»

«Am besten gehen Sie nach Hause. Warten Sie ab.»

«Ich soll abwarten?!»

«Ihr Freund ist erwachsen. Der kommt sicher bald wieder. Sie können froh sein, dass ich überhaupt eine Vermisstenanzeige aufgenommen habe. Normalerweise machen wir das in solchen Fällen nicht.»

Maria versteht die Welt nicht mehr. Sie hat die Krankheit des Vermissten erklärt, der Arzt hat es sogar telefonisch den Beamten gegenüber bestätigt. Maria ist empört darüber, dass man nichts unternehmen wird. Sie hat das Gefühl, nur ihre Zeit vergeudet zu haben. «Statt hier auf der Wache ein Formular auszufüllen, hätte ich besser nach Karlheinz gesucht!»

Maria vermutet, dass ihr Freund noch irgendwo in der Nähe ist. Sie weiß, dass er die Rheinauen liebt und gerne dort spazieren geht. Also verlässt sie die Wache und sucht auf eigene Faust.

Die Zurückhaltung der Polizei bei Vermisstenmeldungen ist kein Einzel-, sondern der Regelfall. Nicht immer erkennt die Polizei sofort die Schwere eines Falles. Auf der einen Seite des Schreibtischs sitzen Beamte, die abwägen müssen, welche Maßnahmen zu ergreifen sind. Dabei sind viele Faktoren zu berücksichtigen, nicht zuletzt die privaten Umstände und die finanzielle Situation des Betroffenen. Nicht jeder Vermisste kann sofort aktiv gesucht werden, das würde die Ressourcen der Polizei übersteigen.

Auf der anderen Seite des Schreibtischs sitzen die Angehörigen. Sie stehen nicht selten unter Schock und sind verzweifelt. Wie Maria. Als sie die Polizeiwache verlässt, ist sie fast gelähmt vor Angst. Lebt ihr Freund noch, oder ist er tot? Hat er sich umgebracht?

Manche Angehörige sind kaum in der Lage, einen klaren Gedanken zu fassen und das weitere Vorgehen zu planen. Sie leiden unter dieser extremen psychischen Belastung, für die sie keine sinnvolle Bewältigungsstrategie haben. Solche sogenannten Belastungsreaktionen treten häufig nach dem Tod eines Angehörigen, nach Unfällen oder Gewalterfahrungen auf. Es ist eine normale Reaktion der menschlichen Psyche auf ein außergewöhnliches Erlebnis.

Später kann sich daraus sogar eine große psychische Krise entwickeln, die der Mensch dann nicht mehr allein bewältigen kann. In einer solchen Phase, das ist wichtig, sollte man Rat und Unterstützung bei der Telefonseelsorge oder einem Psychologen suchen. Hilfreich ist zunächst aber auch schon das Gespräch mit Freunden oder Verwandten, mit dem Hausarzt oder einer anderen Vertrauensperson.

Maria Anders ist eine von Hunderttausenden Angehörigen von Vermissten, die in eine große Notlage geraten und denen meistens kein Mensch mit Rat und Tat zur Seite steht. Alle Angehörigen wenden sich in ihrer Verzweiflung instinktiv an die Polizei. Die ist aber aufgrund fehlender sozialpsychologischer Ausbildung überfordert. Es gibt keine Institution und keine Behörde in Deutschland, die sich für die jährlich mehr als 100 000 bei der Polizei registrierten Vermisstenfälle und die davon betroffenen rund 500 000 Angehörigen zuständig fühlt und über qualifiziertes Personal verfügt.

Maria versucht sich zu beruhigen. Sie ist es ja aus ihrem

Berufsleben gewöhnt, Probleme zu lösen, warum sollte sie nicht auch mit dieser Situation fertigwerden? Mit dem Fahrrad fährt sie in die Rheinauen und hält nach Karlheinz Ausschau. Freunde rufen sie an und sichern ihre Unterstützung zu: «Hast du schon was in Erfahrung bringen können? Wir kommen heute Abend vorbei.»

Für Maria ist es ein Trost, dass Freunde und Familie Anteil nehmen. Es gibt ihr Hoffnung, den Freund selbst zu suchen. Sie braucht das Gefühl, selbst tätig zu sein, wie eine Ertrinkende den Rettungsring. Sie glaubt fest daran, dass sie Karlheinz in den Rheinauen finden wird. Was soll sie auch sonst tun?!

Maria wendet sich auch an den Arzt ihres Freundes. Doch der reagiert reserviert und hat auch keinen Rat für sie. Er habe nie mit ihm über eine mögliche Flucht aus seinem bisherigen Leben gesprochen. Maria denkt sich: Karlheinz ist für ihn eben nur ein weiterer Patient unter vielen. Der Arzt sagt: «Das kann passieren. Wenn Ihr Freund wieder auftaucht, dann soll er sich mal bei mir melden.»

Maria sucht den ganzen Tag. Manchmal stellt sie das Fahrrad auf dem Deich ab und läuft ans Rheinufer. Das sind die Momente, in denen sie befürchtet, jeden Moment die Leiche von Karlheinz im Wasser treiben zu sehen.

Es wird allmählich dunkel. Noch immer hat sie nicht aufgegeben, fährt von Bucht zu Bucht, von Waldstück zu Waldstück. Manchmal bleibt sie stehen und reibt sich die Tränen aus den Augen. Sorge und Angst machen ihr zu schaffen. Es ist ein so furchtbares Gefühl, ziellos durch die Welt zu laufen und einen geliebten Menschen im Niemandsland zu suchen. Und diese ewige Todesahnung, wenn sie in jeder Bucht und hinter jedem Brückenpfeiler damit rechnet, gleich den leblosen Körper des Freundes im Wasser zu entdecken.

Die Sonne geht gerade unter, als Maria in der Ferne auf dem Deich eine schwarz gekleidete Gestalt sieht. Es ist Karlheinz, wie erwartet viel zu dick angezogen für diese Jahreszeit.

«Er hatte einen unendlich traurigen und leeren Gesichtsausdruck», erinnert sich Maria später, «ich war so erleichtert, ihn lebend zu sehen, dass ich in Tränen ausgebrochen bin. Und ich habe ihn gefragt: ‹Was hast du gemacht, was tust du mir an?›»

Aber Karlheinz Kerner ist nach einem langen Tag voller düsterer Gedanken so fertig, dass er nicht antworten kann. Er begreift selbst nicht, was er getan hat. Er antwortet sehr leise: «Ich kann so nicht weiterleben. Ich wollte mich umbringen.»

Karlheinz erzählt der Lebensgefährtin später, dass er an diesem Morgen um 4 Uhr aufgestanden ist. Lange hat er in der Nacht wach gelegen und gegrübelt. Dann hat er sich angezogen und ist zu Fuß viele Kilometer weit bis zu einem Wald gelaufen. Hier legte er sich ins Unterholz in der Hoffnung, dass ihn keiner findet. Er wollte dort verhungern und verdursten. Schon bald aber merkte er, dass der Tod nicht von selbst kommen würde. Auch wusste Karlheinz, dass er es nicht schaffen würde, sich etwa die Pulsadern aufzuschneiden. Nach einiger Zeit verließ er den Wald und ging auf eine Rheinbrücke. Da stand er lange und überlegte, ob er hinunterspringen sollte. Aber auch diesmal merkte der 44-Jährige, dass ihm dazu der Mut fehlte. Erneut ging er in den Wald und legte sich unter einen Baum, später spazierte er ziellos am Rheinufer entlang.

Maria ist glücklich, dass der Freund lebt. Doch ihr wird an diesem Tag in aller Klarheit bewusst, wie schwer krank er ist. Sie gibt den Mut nicht auf, denkt daran, dass das, was mit ihm geschehen ist, schon vielen Menschen passiert ist. Viele haben die Krankheit in den Griff bekommen. Zu Hause angekommen, informiert Maria die Polizei. Sie erzählt später: «Die Polizisten kamen bei uns zu Hause vorbei, haben sich gefreut, dass mein Freund wieder aufgetaucht ist. Sie haben mich auch gefragt, ob ich es mir zutrauen würde, mit ihm die Nacht alleine zu verbringen oder ob sie ihn in ein Krankenhaus bringen sollen.»

Maria lehnt eine Einweisung in die psychiatrische Notambulanz ab. Einige Tage später findet sie selbst eine psychiatrische Klinik für ihren Freund. Die Ärzte machen dem Paar Hoffnung, dass Karlheinz wieder gesund wird und sie ein normales Leben führen können. Doch die Hoffnung trügt. Schon bald nach der Entlassung aus der Klinik verschlimmert sich die Krankheit wieder. Aus der schweren Depression wird eine Psychose. Und Karlheinz verschwindet erneut.

«Ich stand morgens auf, und seine Bettseite war wieder leer», erinnert sich Maria. «Und als ich dieses leere Bett sah, viel zu früh am Morgen, da wusste ich sofort: Er ist wieder weggelaufen.»

Wieder wendet sich Maria an die Polizei, wieder wird sie abgewiesen. «Da bin ich direkt selber los. Es war morgens gegen halb sechs und sehr kühl. Es hatte geregnet in der Nacht, die Rheinwiesen waren nass und matschig. Ich hatte mich entsprechend angezogen: dicke Schuhe und Kleidung, die man sonst zum Wandern anzieht. Und wieder das Gleiche: den Deich abgesucht, die Buchten, die Brücken, immer in Angst, gleich seine Leiche zu finden. Ich wusste ja, er will sterben.»

Maria merkt schon bald, dass ihre Suche ohne Hilfe zum Scheitern verurteilt ist. Doch sie will sich nicht noch einmal an die Polizei wenden, nicht noch einmal vergeblich um Hilfe bitten. Das ist ein Fehler, muss man doch wissen, dass die Entscheidungen der Polizei für Außenstehende nicht immer auf den ersten Blick nachvollziehbar sind. Auch kann es, wie überall im Arbeitsleben, zu Pannen oder Fehlentscheidungen kommen. Das ist für die Betroffenen bitter. Sich in einer solchen Situation von der Polizei abzuwenden, bringt einen Angehörigen jedoch nicht weiter.

Maria holt sich schließlich Hilfe und Rat bei einer Freundin. «Ich war fertig. Nicht nur durch die stundenlange Suche, sondern ich war ausgepowert durch die lange Pflege meines Freundes. Ich war jetzt innerlich leer. Ich war nervlich am Ende.»

Marias Freundin wendet sich wiederum an einen Bekannten in der Stadtverwaltung. Der Beamte ist zwar sehr nett und hat ein offenes Ohr für ihre Sorgen, doch auch er weiß nicht, was getan werden könnte.

Das ist kein Einzelfall, sondern eine ganz normale Situation. Außerhalb der Polizei ist in Deutschland wie erwähnt keine Behörde auf Vermisstenfälle eingerichtet. Es gibt niemanden in den Stadt- oder Gemeindeverwaltungen, der weiß, wie man Angehörigen helfen kann.

Maria und ihre Freundin ergreifen schließlich die Initiative und organisieren eine Gruppe von fünfzehn Freunden, Bekannten und Verwandten. In Zweiergruppen machen sie sich auf den Weg. Für Maria ist die Suche bedrückend: «Es war schrecklich. Ich bin am Rheinufer im Matsch rumgewatet. Ich habe wunderschöne, versteckte, idyllische Plätze in einem Wäldchen gefunden. Da gibt es kleine Teiche, Lichtungen, Unterholz – wir haben alles durchforstet. Ich habe blaue Flecken bekommen und nasse Füße. Wir haben sogar in den Teichen gesucht, soweit das möglich war. Doch gefunden haben wir Karlheinz nicht.»

Am Abend bricht die Gruppe ihre Suche ab. Die Helfer gehen nach Haus, doch Maria gibt nicht auf. Sie findet einfach keine Ruhe. Erneut fährt sie mit ihrem Fahrrad los, obwohl sie sehr müde ist und friert. Sie will ihren geliebten Karlheinz lebendig wiederfinden. Sie will verhindern, dass er sich etwas antut. Sie hat Angst, dass er sein Vorhaben dieses Mal durchzieht. Sie gibt nicht auf, fährt im Dunkeln mit dem Fahrrad über den Deich, sucht wieder das Ufer ab. Erfolglos.

Spät in der Nacht liegt sie in ihrem Bett und kann trotz der Erschöpfung nicht schlafen. Ruhelos wälzt sie sich von einer Seite zur anderen. Sie denkt an ihren Partner, der irgendwo draußen an seiner Krankheit verzweifelt. «Du liegst in einem Bett, in dem der Partner sonst neben dir schläft, und du weißt nicht, ob er noch lebt. Das ist ein schreckliches Gefühl.» Sie schläft zwar ein, wird jedoch nach ein paar Stunden mit dem schrecklichen Bild im Kopf wach: Karlheinz, der tot im Rhein treibt.

Gäbe es sachkundige Berater bei der Stadt, hätte man Maria sicherlich schon am Vortag dabei geholfen, die Polizei davon zu überzeugen, nach Karlheinz zu suchen. Man hätte sie sicherlich zur Dienststelle begleitet und dem Beamten geschildert, wie krank der Vermisste ist. Aber wie gesagt: Solche Berater gibt es nicht. Maria hat allerdings Glück, dass ihre Freundin einen kühlen Kopf behält und sie drängt, doch noch einmal zur Polizei zu gehen. Dort wird schließlich erneut eine Vermisstenanzeige aufgenommen und überlegt, welche Maßnahmen zu ergreifen sind.

Bei Vermissten denken viele sofort an Hubschrauber, Reiter- und Hundestaffeln oder gar eine Hundertschaft von Polizisten, die den Wald durchkämmen. Doch solch ein Aufwand kann nur in Ausnahmefällen betrieben werden – dafür gibt es einfach zu viele Vermisste. Allein in Nordrhein-Westfalen, wo Maria lebt, werden bei der Polizei jedes Jahr mehr als 20 000 Menschen als vermisst registriert. In einer mittelgroßen Stadt wären die Einsatzkräfte fast rund um die Uhr mit Suchen beschäftigt.

Angesichts der Schwere des Falles und der Beharrlichkeit der Angehörigen beschließt die Polizei, Maria zu unterstützen. Zunächst suchen Streifen die nähere Umgebung ab. In einer weiteren Phase will die Polizei dann mit einer Hundestaffel und einem Hubschrauber weitersuchen und eine öffentliche Fahndung über die Medien veranlassen. Das genau aber bereitet Maria Kopfzerbrechen. Die Erkrankung des Freundes hat das Paar vor Kunden und Bekannten verschwiegen, um berufliche Nachteile für Karlheinz zu vermeiden. Durch eine öffentliche Suche würde nun die ganze Stadt erfahren, dass der Vermisste schwer depressiv ist. Das gefällt Maria zwar nicht, aber sie willigt trotzdem ein. Sie sieht ein, dass mediale Aufmerksamkeit notwendig ist.

Doch zu einer großen öffentlichen Fahndung kommt es dann doch nicht mehr. Wie oft enden Vermisstenfälle so unvermittelt, wie sie begonnen haben. Marias Handy klingelt – und Karlheinz ist in der Leitung.

«Wo bist du, Liebster?», fragt Maria atemlos. Sie kann es kaum fassen, dass er sich meldet.

«Ich bin in die Eifel gefahren. Ich wusste nicht mehr, was ich tun sollte. Ich bin völlig verzweifelt. Ich habe das Gefühl, ich werde verrückt und bin in einem ganz tiefen Loch. Ich halte es nicht mehr aus.»

Als Maria die Polizei informiert, sagt ein Beamter zu ihr: «Sehen Sie, ich habe es Ihnen doch gesagt: Innerhalb von 48 Stunden tauchen die meisten Vermissten wieder auf.»

Nach Aufenthalten in verschiedenen Kliniken und dank ärztlicher Behandlung stabilisiert sich Karlheinz Kerners gesundheitlicher Zustand so weit, dass er auch wieder Dienstreisen unternehmen kann. Er fliegt sogar für mehrere Wochen geschäftlich nach Amerika. Alle denken, dass Karlheinz es geschafft hat, dass er über den Berg ist. Doch eine Woche nach seiner Abreise in die USA ruft er aus Massachusetts an, und Maria merkt sofort, dass mit ihm etwas nicht stimmt. Sie spürt, dass ihm seine Krankheit wieder zu schaffen macht. Karlheinz ruft sie aus einem Hotel an, ist total aufgedreht und erzählt voller Begeisterung, er hätte das Traumhaus für ihre gemeinsame Zukunft gefunden. Das Haus wäre grau-weiß gestreift, ebenso der Rasen.

Solch ein Verhalten ist für den Geschäftsmann ungewöhnlich. Er hat zwar viel Phantasie, wenn es um seine Arbeit geht. Doch privat ist er ein ruhiger, besonnener Mensch. Er hat Humor, man kann mit ihm auch viel Spaß haben, aber er ist mehr der zurückhaltende, ruhige Typ.

Zwei Tage später beginnt das Chaos. Karlheinz ist inzwischen weiter nach New York City gereist. Es ist der Tag, als ein Airbus über dem New Yorker Stadtteil Queens abstürzt und über 260 Menschen sterben. Maria ruft besorgt im Hotel an. Als sie ihn erreicht, schreit er erregt und voller Angst ins Telefon: «Maria, ich wusste, dass das passieren würde. Das war wieder diese schreckliche Terrorgruppe, und ich wusste, dass heute was passieren würde. Die Welt geht unter, und der Teufel steckt dahinter.»

Karlheinz ist völlig außer sich. Während im Fernsehen weltweit die Bilder der Flugkatastrophe ausgestrahlt werden, für die keine Terrorzelle verantwortlich war, sondern technisches Versagen, versucht Maria ihren Freund zu beruhigen. Sie spürt, dass sich die Krankheit des Freundes wieder verstärkt hat. Nach dem Gespräch beschließt Maria kurzerhand, nach New York zu fliegen.

48 Stunden später steht Maria an der Rezeption des Hotels in Manhattan und erhält eine schreckliche Nachricht. Man teilt ihr mit, dass Karlheinz verschwunden ist. Zum dritten Mal. Im Zimmer des Freundes befinden sich neben seinen Geschäftsunterlagen auf dem Tisch nur eine fast leere Flasche Whisky und viele leere Bierdosen. Karlheinz' Kleidung hängt im Schrank, aber Geld, Pass, Kreditkarten und seine Aktentasche, die er auf Reisen immer dabeihat, sind nicht mehr da.

«Mein Freund trinkt fast nie Alkohol, höchstens mal einen Whisky nach einem langen Winterspaziergang», stammelt Maria entsetzt. Sie befürchtet, dass ihr Freund außerdem Psychopharmaka eingenommen hat – eine gefährliche Mischung, selbst für gesunde Menschen.

Der Hoteldirektor empfiehlt Maria, die Polizei einzuschalten. Er berichtet, dass Karlheinz am Tag des Flugzeugabsturzes laut schreiend und wie von Sinnen über den Flur gerannt sei. Viele Hotelgäste hätten sich beschwert, sodass sich Security-Mitarbeiter um ihn gekümmert hätten. Man habe auch die Polizei gerufen und einen Krankenwagen bestellt, aber als Karlheinz die Lichter des Rettungswagens gesehen habe, sei er geflüchtet. Erst spät am Abend sei er zurückgekehrt, habe sich für seine Ausfälle entschuldigt und dann stundenlang in der Lobby in einem Sessel gesessen und vor sich hin gestiert. Das sei das letzte Mal gewesen, dass man ihn gesehen habe.

«Zwei typische New Yorker Cops, breite Schultern, große Typen, irische Nachnamen, kamen kurze Zeit später, haben sich meine Geschichte angehört und das sehr ernst genommen», erinnert sich Maria. «Ich war fassungslos und gleichzeitig glücklich, weil man sich außergewöhnlich gut um mich kümmerte.»

Die Polizisten nehmen sich Zeit für Maria und trösten sie. Der Direktor informiert das Hotelpersonal, quartiert die Deutsche in das größte Zimmer ein und lässt sie gratis mit Schokolade, Obst und Champagner versorgen. «Man wollte mir vor allem das Gefühl geben: Du bist hier nicht allein, wir kümmern uns um dich.»

Die Polizisten fahren mit Maria auf die Wache. Auf dem Weg informieren sie die Deutsche darüber, was auf sie zukommen wird: «Du musst jetzt unserem Chef Rede und Antwort stehen. Der ist sehr streng und wird nicht ohne weiteres eine Vermisstenanzeige aufnehmen. Er will triftige Gründe hören. So ist er immer. Die New Yorker Polizei muss sich um Tausende von vermissten Menschen und ihre Angehörigen kümmern.»

Das ist nichts Neues für mich, denkt Maria, sagt aber nichts. Nach kurzer Fahrt findet sie sich in einer typischen New Yorker Polizeistation wieder, wie man sie aus Kinofilmen kennt. Wo die harten Jungs aus der Bronx in Handschellen hereingeführt und ihnen Crack und Kokain abgenommen werden, und wo sich Prostituierte lautstark über ihre Festnahme beschweren. Hier nimmt man tatsächlich nach eingehender Befragung die Anzeige auf und anschließend bringen die Polizisten Maria wieder zurück ins Hotel.

«Sie müssen sich keine Sorgen machen», beruhigt sie einer der Beamten. «Wir sind für diesen Fall abkommandiert und beginnen sofort mit der Suche. Während Sie die Vermisstenanzeige aufgegeben haben, wurde das Foto von Ihrem Freund bereits verbreitet. Alle Polizeistationen in New York City sind informiert. Wir haben auch schon in den Krankenhäusern der Umgebung nachgefragt.»

Als sich die Polizisten im Hotel verabschieden, geben sie Maria sogar ihre privaten Telefonnummern.

Maria hält es nicht in ihrem Hotelzimmer. Am nächsten Tag macht sie sich selbst auf die Suche. Sie weiß, es ist ein hoffnungsloses Unterfangen, in der Millionenstadt New York einen einzelnen Menschen zu suchen. Aber für Maria ist es eine Befreiung von dem Gefühl, untätig herumsitzen zu müssen. Zudem kennt sie viele Orte in New York, an denen sich Karlheinz auf früheren Reisen gerne aufgehalten hat: Restaurants, Bars, das Museum of Modern Art, der Central Park. Auf der Fifth Avenue besucht sie die berühmte St. Patrick's Cathedral. Auch das ist ein Ort, an dem das Paar schon früher gemeinsam gewesen ist, um abzuschalten, das laute, anstrengende Leben in den Straßen New Yorks für ein paar Minuten auszusperren. Hier setzt sie sich auf eine Bank und spürt, wie sie langsam zur Ruhe kommt. Die Kühle und Stille in der Kirche breiten sich wohltuend in ihrer Seele aus, und mit einem Mal lösen sich die Tränen. Wie ein großer Strom fließen sie aus ihr heraus, und mit ihnen lösen sich alle Spannungen, die das Verschwinden von Karlheinz in ihr ausgelöst hat. Während Maria still betet, tropfen die Tränen auf das dunkle Eichenholz der Kirchenbank.

Mittags trifft Maria erneut die beiden Polizisten. Sie erkundigen sich, wie es ihr geht und ob es ihrerseits schon etwas Neues gibt. Maria ist über die Anteilnahme der beiden so glücklich, dass sie ihnen am liebsten um den Hals fallen würde. Sie erzählt von ihrer Suche, und die Polizisten versprechen ihr, sie würden am nächsten Tag kommen, um zusammen mit dem Hotelpersonal die Schächte, Keller- und Nebenräume im Hotel zu durchsuchen.

Die Aktion findet am nächsten Morgen statt. Maria darf sich allerdings nicht beteiligen. Sie wartet im Restaurant, wo sich der Hoteldirektor um sie kümmert, sie mit Getränken versorgt und sich mit ihr über Deutschland unterhält.

Die Suche läuft noch, als plötzlich die erlösende Nachricht eintrifft. Man hat Karlheinz im Central Park gefunden. Maria erinnert sich später: «Es war für mich wie ein Wunder. Ich war auf einmal von vielen Menschen umringt. Sie haben mich umarmt und geküsst. Es war toll. Diese menschliche Wärme, dieses Miterleben, Mitleiden, Mitfreuen war präsent, es war wunderbar.»

Maria hat bei aller Verzweiflung und allem Leid sehr viel Glück gehabt. In den Stunden großer Not fand sie sogar in der Weltstadt New York Helfer, die sie unterstützten und ihr Mut machten.

Karlheinz wird in ein Krankenhaus im New Yorker Stadtteil Harlem eingeliefert. Der Arzt in der psychiatrischen Abteilung berichtet Maria, dass der Freund im Central Park auffällig geworden sei. Er habe zunächst einen Hot-Dog-Stand umgeschmissen und später eine Frau angegriffen. Bei seiner Festnahme lieferte er sich auch einen Kampf mit den Polizisten. Maria ist entsetzt über das Verhalten des Lebensgefährten, den sie bisher nur als einen besonders friedliebenden Menschen kannte. Doch der Arzt beruhigt sie: «Er ist wirklich ein ganz, ganz lieber, netter Patient. Sie sind jetzt natürlich sehr geschockt. Aber Ihr Freund hat eine Psychose.»

Die neuen Erkenntnisse machen Maria sehr nachdenklich. Als sie später zurück in ihrem Hotelzimmer ist und aus dem siebten Stock über den East River nach Brooklyn blickt, denkt sie an die Zukunft. Sie ahnt, dass sich ihr Leben gewaltig ändern wird und dass Karlheinz' Krankheit ein neues Stadium erreicht hat.

Wenn ein Mensch verschwindet, beginnt für die Angehörigen eine Zeit großen Leids und vieler unbeantworteter Fragen. Und wenn dann der Vermisste unverhofft heimkehrt, ist zwar die Freude groß, doch vielfach sprechen Betroffene auch von einer Wut auf den Heimkehrer – weil er ihnen so große Sorgen bereitet, weil er sie alleingelassen und vor allem, weil er keine Nachricht hinterlassen hat.

Auch Maria ist sauer auf Karlheinz. Erst als sie nach seiner Entlassung aus dem Krankenhaus nach Deutschland zurückgekehrt sind, sprechen sie über das Geschehene. Karlheinz sitzt ihr im Wohnzimmer gegenüber, ganz kleinlaut, mit schuldbewusstem Blick. Er entschuldigt sich: «Ich weiß, das war nicht richtig. Ich kann mir vorstellen, welche Sorgen du hattest. Aber versteh mich bitte. Ich halte das nicht mehr aus.»

Maria macht dem Freund Vorwürfe. Sie schämt sich, weil sie wildfremden Menschen ihr Versagen und ihre Schwäche eingestehen musste. Sie erzählt Karlheinz von ihren eigenen Schwierigkeiten: «Meine Gefühle fuhren

Achterbahn. Ich lag nachts alleine im Bett, und dein Platz war leer, und ich wusste nicht, wo du bist. Ich habe tausend Nöte und Ängste ausgestanden. Ich habe dich am Rhein gesucht und immer damit gerechnet, dass du da irgendwo tot liegst. Ich habe dich in den Straßen von New York gesucht und nicht mehr gehofft, dich jemals lebend wiederzusehen. Das hält kein Mensch aus!»

Während sie darüber spricht, steigt erneut Wut in ihr hoch. Die Ängste um den geliebten Menschen suchen sich ein Ventil. Viele Angehörige von Vermissten hoffen ja, dass die Welt nach der Rückkehr der verschwundenen Person wieder in Ordnung kommt. Tatsächlich aber gibt es drei große Problemkreise, die jetzt zu bewältigen sind: Alles, was zum Verschwinden des Partners führte, muss aufgearbeitet werden. Alles, was man während der Zeit der Abwesenheit des Partners erlebte, muss bewältigt werden. Und Probleme gibt es meistens auch, wenn man sich Gedanken über die gemeinsame Zukunft macht. Maria erkennt: «Man ist erleichtert, dass der geliebte Mensch nicht tot ist, dass er gefunden wurde. Aber nach dieser Erleichterung kommen auf einmal tausend Fragen und Gedanken und vor allem die Frage, wie es jetzt weitergeht.»

Maria erinnert sich in dieser Situation daran, dass der Freund nicht viel getan hat, um seine Krankheit in den Griff zu bekommen. Er nahm zum Beispiel seine Medikamente nicht regelmäßig und wehrte sich vehement gegen eine ambulante Psychotherapie, obwohl die Ärzte darauf gedrängt hatten. Maria mahnt ihren Freund: «Es reicht jetzt. Wenn du noch mal weglaufen willst, dann tu es. Wenn du dich umbringen willst, dann tu es. Aber rechne nicht mehr mit meiner Unterstützung.»

Maria weiß, dass sie trotzdem wieder nach ihrem Freund suchen würde. Aber in der Tiefe ihres Herzens spürt sie das große Verlangen nach Ruhe in ihrem Leben. Sie will diese Ängste nicht noch einmal durchstehen. Sie will nicht noch einmal ihre Freunde mit ihren Problemen belasten. Erst nach langer Zeit und intensiven Überlegungen gesteht sich Maria schließlich ein: «Seine Heimkehr aus New York war eigentlich der Anfang vom Ende unserer Beziehung. Ich war so fertig, habe so viel Nerven gelassen, habe so viel gekämpft und musste doch einsehen: Es bringt ja nichts. Er geht seinen Weg, und ich muss alles ausbaden. Er trägt seine Probleme auf meinen Schultern aus, das lasse ich nicht mehr zu. Einige Monate später habe ich meinen Freund gebeten, sich eine Wohnung zu suchen, weil ich es nicht mehr ertragen konnte. Ich habe ihm gesagt: ‹Ich trenne mich nicht von dir, aber ich brauche räumlichen Abstand. Du ziehst mich sonst mit in den Abgrund.›»

Heute befindet sich Karlheinz in ständiger ärztlicher Betreuung. Das Paar lebt getrennt, ist aber weiter eng befreundet.

Vierzehn Tage Panik

Die Panik in der Familie setzt schleichend ein. Um 22 Uhr schreibt die 16-jährige Sarah Schweitzer eine SMS an ihre Mutter Regina und kündigt an, dass sie gleich nach Hause kommt. Die Mutter wundert sich, denn eigentlich wollte ihre Tochter doch bei der Freundin übernachten. Sie hat ein komisches Gefühl. Wurde die Nachricht vielleicht gar nicht von Sarah geschrieben? Sie hat plötzlich Angst und fragt sich: Ist da etwas passiert mit meinem Kind? Sie schreibt mehrere SMS, die ebenso unbeantwortet bleiben wie ihre Anrufe auf dem Handy der Tochter.

Als das Mädchen um Mitternacht trotz ihrer Ankündigung noch nicht eingetroffen ist, legt sich die Sorge um die Tochter allmählich wie eine Fessel um Reginas Herz. Immer hat sie sich auf das Mädchen verlassen können. Wenn sie versprach, um 23 Uhr zu Hause zu sein, kam sie immer pünktlich heim. Morgens um 2 Uhr ist dann die Sorge groß. Regina läuft zwischen Wohnzimmerfenster und Wohnungstür hin und her. Immer wieder verharrt sie minutenlang am Fenster und beobachtet die Straße. Regina atmet schwer. Tränen verschleiern ihren Blick.

«Setz dich doch mal hin und beruhige dich», mahnt Robert Schweitzer. Reginas Mann ist ein ruhiger, besonnener Mensch. Der 52-jährige Schriftsteller ist mit den menschlichen Abgründen sehr vertraut. «Sie wird schon kommen», sagt er zu seiner Frau. «Sie hat sich vielleicht verliebt, nicht auf die Uhr gesehen. Irgendwann musste das ja mal passieren. Die Kinder heute sind anders als wir früher.»

Die Mutter ist sich da nicht so sicher. Sarah ist ein sehr hübsches Mädchen mit ihrem blonden, lockigen Haar und dem offenen, freundlichen Wesen. Alle mögen Sarah, die Klassenkameradinnen, Lehrer, Nachbarn. Eine Beziehung hat die 16-Jährige bislang allerdings noch nicht gehabt, glauben die Eltern. Vielleicht ist tatsächlich ein Junge der Grund für ihre Verspätung?

Die Panik steigert sich. Um 3 Uhr ruft Regina ihren Sohn Stefan an, der nicht mehr zu Hause wohnt. Er hat schon geschlafen, hört irritiert die Sorgen der Mutter und beruhigt sie. «Das passiert schon mal, Mama. Erinner dich, ich bin auch mal eine ganze Nacht weggeblieben.»

«Du bist aber auch ein Junge.»

«Heute sind die Mädchen aber viel selbständiger. Die brauchen mehr Freiheit.»

«Eine 16-Jährige?», erwidert Regina ungehalten. «Sie hätte doch mit mir sprechen können. Dann müssten wir uns jetzt keine Sorgen machen.»

Am nächsten Morgen ist Sarah noch immer nicht da. Regina ruft als Erstes bei Sarahs Freundin Pauline an. Sie weiß von nichts. Sarah sei am Abend gegen 22 Uhr nach Hause gegangen. Regina hat das Gefühl, dass ihr das Mädchen etwas verschweigt. Aber was soll sie machen, Freundinnen halten eben zusammen. Regina ruft dann auch die Klassenlehrerin an. Sarah ist nicht in die Schule gegangen. Und so kommt am Vormittag die Familie zusammen, um sich zu beraten. Soll man zur Polizei gehen? Wo soll man Sarah suchen? Man ist hilflos, weiß nicht, was man tun, an wen man sich wenden soll.

Wenn ein 16-jähriges Mädchen plötzlich spurlos verschwindet, bricht in einer Familie schnell Angst und Panik aus. Und in einer solchen Situation hält bei manchen Angehörigen der Panikzustand über Tage und Wochen an. Eltern und Geschwister befinden sich dann in einem ständigen Alarmzustand. Man kann kaum noch schlafen, vergisst zu essen und zu trinken. Man kann nur schwer einen klaren Gedanken fassen und konzentriert und gezielt vorgehen. Die Angehörigen sind permanent mit den Fragen nach dem Warum und Wohin beschäftigt. Man fürchtet das Schlimmste und hofft auf das Beste.

Sarahs 30-jähriger Bruder Stefan arbeitet als IT-Experte bei einem Provider. Lynne, die 28-jährige Schwester, ist als Programmiererin bei einem Software-Hersteller beschäftigt. Die beiden Computer-Spezialisten werden bei der Suche nach der kleinen Schwester die wichtigste Arbeit leisten – viel, viel mehr, als die Polizei zustandebringt. Die Geschwister recherchieren im Internet. Im Zimmer von Sarah finden sie die Passwörter zu Facebook und Instagram. Die Suche nach der Schwester beginnt. Die Bemühungen sind zunächst etwas hektisch, ohne Plan. Wer rechnet schon damit, dass das Nesthäkchen der Familie spurlos verschwindet? Auf der Polizeiwache wird man die Vermisste – das stellt sich später heraus – nicht gleich als vermisst registrieren. Ein Beamter macht sich ein paar Notizen, beruhigt die aufgeregte Mutter und vertröstet sie: «Die wird wiederkommen. Der passiert schon nichts.»

Lynne und Stefan haben bei ihrer Recherche schon bald Erfolg. Michael, ein Schulkamerad von Sarah, verrät, dass er die 16-Jährige in der Nacht ihres Verschwindens zufällig in einem Hotel mit einem älteren Mann gesehen hat. Der

Junge war neugierig und hat das Paar beobachtet, wie es nach der Anmeldung gemeinsam in den Aufzug gestiegen ist. Silke, eine Freundin von Sarah, erzählt schließlich, dass die Vermisste vor zwei Monaten einen Mann im Internet kennengelernt habe: «Sie hat ihn noch nie getroffen. Nur immer gechattet. Sie ist aber total verliebt.»

Lynne und Stefan finden die Nachrichten, die Sarah und der Unbekannte bei Facebook ausgetauscht haben. Neben vielen Herzchen schreibt der 20-Jährige zum Beispiel: «Ich will dich echt heiraten.» Antwort von Sarah: «Ich dich auch.»

Die Geschwister ahnen Böses. Als sie ihrer Mutter vom Internetfreund und von der Übernachtung im Hotel berichten, ist diese nicht mehr zu halten. Während der Vater zu Hause das Telefon hütet und auf einen Anruf der Tochter wartet, fahren sie gemeinsam zu dem Hotel. Die Mutter stellt den Manager zur Rede. Der streitet zunächst ab, dass Sarah in seinem Haus übernachtet hat. Doch als Regina Schweitzer droht, die Polizei zu rufen, gibt er es zu.

«Wie können Sie einer 16-Jährigen zusammen mit einem erwachsenen Mann ein Zimmer vermieten?», fragt Regina erschüttert, «Sie müssen doch auf ihrem Ausweis gesehen haben, dass das Mädchen minderjährig ist und hier in der Stadt wohnt! Warum haben Sie nicht die Polizei gerufen? Stellen Sie sich einmal vor, das wäre Ihre Tochter gewesen!»

Dem Hotelmanager wird das Gespräch unangenehm. Andere Gäste hören die Unterhaltung an der Rezeption mit, und er hat Sorgen um den Ruf seines Hauses. Er fordert Regina Schweitzer und ihre Kinder auf, das Hotel zu verlassen. Er könne Ihnen nicht weiterhelfen.

Die Mutter geht empört zur Polizeiwache, doch auch da

wird ihr nicht geholfen, da die Polizei davon ausgeht, dass jugendliche Ausreißer in der Regel bald wieder auftauchen. So wird es auch in den nächsten Tagen sein. Fast täglich gehen sie auf die Wache – und erfahren nichts. Sie werden mit ein paar beruhigenden Worten vertröstet. Die Suche nach einem vermissten Menschen sieht anders aus: Die beginnt nämlich mit einem Eintrag in die Inpol-Fahndungsdatei der Polizei. Dafür muss ein umfangreiches Formular ausgefüllt werden. Das passiert jedoch erst nach fünf Tagen, als endlich auch die Polizeibeamten in der Wache merken, dass Regina und ihre Familie keine Ruhe geben und das Mädchen bereits auf eigene Faust suchen. Sie haben Suchplakate aufgehängt, Aufrufe im Internet gestartet und Fernsehsendern und Zeitungen Interviews gegeben.

Ich habe schon seit langem die Vermutung, dass die Polizei und auch andere Behörden das Verschwinden von Kindern und Jugendlichen zu sehr auf die leichte Schulter nehmen. Vielleicht sind es auch zu viele Vermisste, um die sich die Behörden kümmern müssen. Die Internetinitiative Vermisste-Kinder.de spricht von mehr als 60 000 Kindern und Jugendlichen jährlich. Es gibt zu viele Vermisste und zu wenig Polizisten, die sich darum kümmern.

Viele Eltern tun sich heutzutage schwer damit, ihre jugendlichen Kinder zu verstehen. Sie wissen kaum noch, wie sie mit ihnen umgehen sollen, wie sie ihre Kinder erreichen können. Viele Eltern kennen sich nicht aus im Internet, mit Facebook, Instagram und Co., sprechen nicht die Sprache der Jugend, wissen nicht, was in den Kindern vorgeht und wofür sie sich interessieren. So mancher Erziehungsberechtigter findet sich damit ab und überlässt die Jugendlichen ihrem Schicksal.

Junge Mädchen sind besonders gefährdet. Davon können auch Polizisten, Staatsanwälte, Jugendschützer und Richter erzählen. Wenn ein Mädchen spurlos verschwindet, zeigt die Bevölkerung besonders große Anteilnahme. Eine Mutter, deren Tochter später ermordet aufgefunden wurde, gibt einen tiefen Einblick in ihr Schicksal und veröffentlicht während der Suche einen offenen Brief an Bundeskanzlerin Angela Merkel. Er hätte auch von Regina Schweitzer geschrieben sein können:

«Ich wende mich mit diesem Hilferuf an Sie, weil ich mich vom deutschen Staat sowie von unserem Freund und Helfer, der Polizei, im Stich gelassen fühle! Meine 14-jährige Tochter wird seit dem 22. Mai vermisst. Seit diesem Tag fehlt von ihr jede Spur. Es ist das allerschlimmste Gefühl auf der Welt, was einer Mutter passieren kann, nicht zu wissen, wo ihr Kind ist und ob es ihm gut geht. Wie kann es sein, dass die Polizei sich fünf Tage Zeit lässt und nichts tut und nur dank unserer Rechtsanwältin endlich eine Handy-Ortung sowie eine öffentliche Fahndung veranlasst? Es geht um ein 14-jähriges Kind, das bisher noch nie von zu Hause weggelaufen ist! Die Ungewissheit ist schon schlimm genug, und dann dieses Warten, bis sich was tut, ist noch schlimmer. Jeder Tag, der verstreicht, ist ein Albtraum und die Hölle! (...) Wir haben bisher mehr geleistet als die Polizei. Und wir suchen weiter! Wir geben nicht auf. Wir beten und hoffen jeden Tag, dass ihr nichts Schlimmes zugestoßen ist und dass sie noch lebt!»

Ähnlich ergeht es Regina Schweitzer. Erst fünf Tage nach Sarahs Verschwinden wird die Mutter von der Polizei offiziell vorgeladen, um eine Vermisstenanzeige aufzunehmen. Erneut muss sie erzählen, was am Abend des Verschwin-

103

dens passiert ist. Regina berichtet den Beamten darüber hinaus, was Lynne und Stefan herausbekommen haben. Doch die Polizei ergreift immer noch nicht die Initiative. Gute Worte statt Engagement. Ein Polizist beruhigt die Mutter erneut: «Warten Sie ab. Das Mädchen wird schon nach Hause kommen.»

Doch die Mutter lässt sich nicht länger beschwichtigen: «Mein Mädchen ist erst 16 Jahre alt. Wir Eltern tragen für sie die Verantwortung. Wenn Sie mein Kind irgendwo in der Stadt betrunken oder im Drogenrausch aufgreifen würden, würden Sie mir als Mutter doch sicher auch nicht sagen, ich solle mir keine Sorgen machen. Oder?»

Regina kann das Desinteresse der Polizei nicht verstehen. Die Polizei versagt in diesem Fall auf ganzer Linie. Dabei müsste man doch langsam wachwerden, denn die Medien nehmen an dem Vermisstenfall regen Anteil. Die Hilferufe der Familie werden bei Facebook tausendfach geteilt, ebenso die Vorwürfe von Sarahs Schwester, dass die Polizei nicht richtig suche. Lynne klagt bei Facebook: «Liebe Facebook-Gemeinde, kann mir vielleicht jemand erklären, wieso unsere Polizei so herzlos nach meiner Schwester sucht? Wir hören nur: ‹Es geht ihr gut›, ‹Machen Sie sich keine Sorgen›. Wie kann die Polizei so was sagen, wenn sie gar nicht wissen, wo meine Schwester ist? Ich verstehe das Rechtssystem nicht mehr. Meine kleine Schwester ist erst 16 Jahre, und die Polizei kommt nicht in die Pötte. Gibt es jemanden, der es mir erklären kann? Ich weiß, wir sind keine berühmte Familie oder irgendein Politiker, dessen Kind verschwunden ist. Da würde ja direkt eine landesweite Suche gestartet werden. Gibt es niemanden, der auch mal die Arbeit der Polizei kontrolliert? Ich glaube einfach, ich bin im falschen Film. Bitte teilt diesen Beitrag.»

Lynne und Stefan recherchieren in der Zwischenzeit fast Tag und Nacht. Und dann finden sie tatsächlich eine Spur: Der ältere Freund von Sarah heißt Sven Rombach und ist der Polizei in einer 200 Kilometer entfernten Stadt aus der Drogenszene bekannt. Schon bald haben sie die Adresse seiner Eltern. Rombach selbst hat im Moment keinen festen Wohnsitz und lebt offenbar bei einem Freund.

Was die Familie über Sarahs Freund erfährt, beunruhigt sie sehr. Sie fragen sich, ob es sich bei dem 20-Jährigen vielleicht um einen Loverboy handelt, der die 16-Jährige erst verführt und dann entführt hat. Loverboys sind weichgespülte Kriminelle, vor denen die Internetseite no-lover-boys.de die Bevölkerung mit diesem Hinweis warnt: «Loverboys sind Zuhälter mit Don-Juan-Allüren, die meist selbst noch Teenager sind und minderjährige Mädchen im Alter ab 11 Jahren in die Prostitution zwingen. Loverboys sprechen von der großen Liebe, machen großzügige Geschenke, schleichen sich im Freundeskreis ein, suchen sich ihre Opfer vor Schulen, in der Nähe von Jugendtreffs oder im Web. Opfer sind Mädchen aus ganz normalen Familien. Loverboys gehen sehr strategisch vor, achten anfangs sogar darauf, dass die Mädchen Hausaufgaben für die Schule machen und nicht schwänzen, damit die Eltern möglichst lange nichts merken. Wer einmal in die Fänge eines Loverboys gerät, hat nur wenige Chancen, wieder von ihm loszukommen. Die Mädchen werden von ihrer Familie entfremdet, von Freunden des Loverboys vergewaltigt, zur Prostitution gezwungen und verschwinden oft spurlos.»

Regina Schweitzer teilt die neuen Erkenntnisse auch

der Polizei mit. Doch nichts geschieht. Im Gegenteil: Man warnt die Familie sich einzumischen, es sei Aufgabe der Polizei, sich um Sarah zu kümmern.

Doch die Familie verlässt sich nicht auf die Polizei und ergreift erneut die Initiative. Gemeinsam fahren sie in die Kleinstadt, in der sich Sarah und ihr Freund aufhalten sollen. Sie suchen Pizzerien, Cafés, Trinkhallen und Geschäfte auf und verteilen bei den Besitzern ein Vermisst-Flugblatt mit einem Foto von Sarah. In Supermärkten hinterlassen sie das Flugblatt bei den Hausdetektiven mit der Bitte, sich an die Polizei oder an die Familie zu wenden, wenn sie Sarah sehen.

Und die Suche hat Erfolg!

In einem großen Einkaufszentrum erkennt ein Security-Mitarbeiter die 16-Jährige. Sie fällt ihm auf, weil sie, obwohl es draußen schneit und bitterkalt ist, nur einen dünnen Pullover und keine Jacke trägt. Der Mann mutmaßt zunächst, dass das Mädchen vorhat, eine Jacke zu stehlen. Doch dann erkennt er, dass es sich um die vermisste Sarah handelt. Entschlossen greift er zum Telefon und informiert die Polizei.

Regina Schweitzer ist derweil am Ende ihrer Kräfte. Sie versorgt die Familie, hilft bei der Suche nach Sarah, gibt Journalisten Interviews – und über allem schwebt die Angst um das Leben der Tochter. Das ist zu viel für die sonst so starke Frau. Sie fühlt sich – so vertraut sie einer Freundin an –, als wäre sie um 20 Jahre gealtert.

So geht es vielen Angehörigen, vor allem in den ersten Tagen und Wochen nach dem Ereignis, wenn das vorherrschende Gefühl Panik ist. Angst ist völlig normal. Wird aus Angst jedoch Panik, verliert der Mensch oft die Kontrolle und kann überhaupt nicht mehr rational denken und handeln. Typische Symptome einer Paniksituation sind Unruhe, Herzklopfen und Herzrasen, Beklemmungen, Druck auf der Brust, Schwindel und Schweißausbrüche.

Die Suche nach einem vermissten Kind bedeutet für die Eltern und Verwandten enormen Stress. Es ist die Hölle. Die Menschen kommen nicht zur Ruhe. Ständig kreisen ihre Gedanken um das Schicksal des Kindes. Sie haben die schlimmsten Bilder im Kopf, denken an Mord und Totschlag. Und hoffen gleichzeitig, dass alles ein gutes Ende nimmt. Tag und Nacht überlegen sie, was sie tun können, um das Kind zu finden. Sie haben das Gefühl, vor Sorge zu sterben, spüren ihr eigenes Leben nicht mehr.

Keine Sekunde zu früh erfährt Regina von der Beobachtung des Kaufhausdetektivs und dass Sarah sich in Polizeiobhut befindet. Auch das Jugendamt ist bereits eingeschaltet. Sofort machen sich die Mutter und die Geschwister auf den Weg, um Sarah abzuholen.

Doch als sie auf der Polizeiwache eintreffen, erwartet sie eine schreckliche Überraschung. Das Glück des Wiedersehens wird getrübt, als Sarah darauf besteht, dass ihr neuer Freund mit nach Hause kommt. Regina erkennt ihre Tochter nicht wieder. Sie kommt ihr so fremd und abweisend vor. Erschrocken stellt sie fest: «Das ist nicht mehr meine Sarah.»

Wie in den meisten glücklich ausgehenden Vermisstenfällen beginnt für die Familie anschließend eine harte Zeit. Man muss die Gründe aufarbeiten, die die geliebte Person dazu veranlasst haben, fortzugehen. Man muss die Gefühle ergründen, die das Verschwinden ausgelöst haben – Enttäuschung, Scham, Entfremdung und vieles mehr. Und schließlich muss man darüber nachdenken, wie man das Leben miteinander fortsetzen kann. Findet man wieder zusammen? Oder geht man fortan getrennter Wege? Das ist ein großer Berg von Schwierigkeiten, besonders für Menschen, die schon mit der Bewältigung alltäglicher Probleme überfordert sind.

Die erste Hürde, die die Familie jetzt zu nehmen hat: Sie müssen zwei Stunden im Auto mit dem neuen Freund von Sarah verbringen. Regina Schweitzer kann ihre Wut und Enttäuschung nur schwer unterdrücken. Sie hat sich darauf eingelassen, weil Sarah es so will – einverstanden ist sie damit aber nicht.

Zu Hause ist die Stimmung dann unerträglich. Man sitzt zusammen im Wohnzimmer und Sarah mag nicht erzählen, warum sie so urplötzlich mit dem Freund aus dem Internet verschwunden ist. Ihre lapidare Antwort: «Ich weiß nicht, warum ich abgehauen bin.»

Sven Rombach hingegen erzählt ganz freimütig, er wolle mit Sarah in eine gemeinsame Wohnung ziehen. Die Familie ist entsetzt, hält sich aber zunächst mit Kommentaren zurück. Die Wende kommt ganz unvermittelt nach einer Stunde. Da kuschelt sich Sarah an die Mutter und sagt zu ihrem Freund: «Fahr bitte nach Hause.»

Rombach versucht noch, das Mädchen umzustimmen: «Ich dachte, du willst mit mir zusammen sein!?»

Doch Sarah erwidert nur: «Ich will dich nicht mehr sehen. Bitte geh!»

Regina ist glücklich. Sie spürt, dass ihre Tochter wieder die Nähe zu ihr sucht. Ihre alte Sarah, so wie die Mutter sie kennt, ist wieder da. Rombach gesteht kleinlaut, dass er kein Geld für die Rückfahrt hat. Stefan gibt ihm großzügigerweise das Geld für ein Ticket. Zum Abschied droht Rombach trotzdem, die Familie solle es nicht wagen, gegen ihn vorzugehen: «Ich habe einen Fünfsterneanwalt, der macht Sie fertig.»

Doch Stefan erwidert kühl: «Du bist obdachlos, hast kein Geld und ganz bestimmt keinen Anwalt. Hau einfach ab.»

Vierzehn Tage Panik haben ein Ende. Die Familie kommt langsam zur Ruhe. Sarah schweigt weiterhin über die Gründe ihres Verschwindens und darüber, was sie erlebt hat. Regina Schweitzer übt sich in Geduld: «Irgendwann wird sich das Mädchen öffnen. Hauptsache, sie ist erst mal wieder bei uns zu Hause.»

DREI
Von Gewalt und Macht

———

«Die Gewalt lebt davon, dass sie von anständigen
Menschen nicht für möglich gehalten wird.»
Jean-Paul Sartre

Oma Kötter und die entführten Mädchen

Mit zitternden Händen wühlt sich Nicole durch die Wäsche im Kleiderschrank. Sie wirft Handtücher, Unterwäsche und Blusen wild zur Seite, bis sie endlich das Handy findet. Immer wieder blickt sie zur Tür und lauscht, ob sich jemand nähert. Doch über den Flur schallen nur schrill die Klänge eines arabischen Schlagers. Nicole wählt eine Nummer in Deutschland. Nur verschwommen sieht sie die Tasten durch den Tränenschleier. Sie verwählt sich. Tippt mit zitternden Fingern erneut die vertrauten Zahlen. Sie presst das Handy fest an ihr Ohr.

«Hallo?»

Zum ersten Mal seit langer Zeit hört Nicole wieder die zarte Stimme ihrer Großmutter. Oma Kötter. Ihre Freundin. Ihre Vertraute.

Sie schluchzt, stammelt: «Oma. Ich bin's. Nicole. Bitte hilf mir!»

Nicoles Stimme ist sehr leise und vibriert vor Verzweiflung. Oma Kötter kann kein Wort sagen, als sie die Stimme ihrer Enkelin erkennt. Wie viele Stunden hat sie schon schweigend auf ihr altes, klobiges Schnurtelefon gestarrt und einen Anruf von ihr herbeigesehnt. So viele endlose Stunden voller Ängste. So viele Tage der Verzweiflung. Und Wochen voller Hoffnungslosigkeit.

Wenn sich eine vermisste Person endlich bei ihren Angehörigen meldet, dann ist das für die Betroffenen wie ein

113

innerliches Feuerwerk. Atemraubende Gefühle verdrängen jeden klaren Gedanken. Man weiß nicht, was man zuerst sagen soll. Fragen bahnen sich unreflektiert ihren Weg. Nicole kann gar nicht so schnell antworten, wie Oma Kötter auf sie einredet, als sie endlich begriffen hat, wer am Telefon ist.

«Wo bist du?»

«Ich bin in Riad. In einem Haus von Hassans Familie.»

«Wie geht es dir?»

«Hassan hält mich hier fest.»

«Warum hast du dich nicht gemeldet?»

«Er hat mir den Pass und das Handy abgenommen. Hol mich bitte, bitte hier raus.»

«O Gott! Geht's dir gut?» Oma Kötter kann keinen klaren Gedanken fassen.

«Ich bin so verzweifelt. Hilf mir. Ich kann nicht lange sprechen.»

«Wie geht es der Kleinen?»

«Sie haben mir Emma weggenommen. Sie ist hier irgendwo in dem großen Haus.»

«Wann kommst du zurück?», fragt die Oma, die immer noch nicht versteht, was Nicole ihr zu erklären versucht.

«Oma, ich darf hier nicht weg. Sie haben mich eingesperrt. Bitte hol mich hier raus!»

Nicole schluchzt laut. Herzzerreißend. Dann Schweigen.

«Nicole? ... Bist du noch da? ... Nicole? ... Kind, sag was!»

Nicole lauscht zum Flur, von wo sich Schritte nähern. Sie schaltet das Handy ab, schiebt es unter die Bettdecke, legt sich darauf und krümmt ihren Körper wie ein Embryo zusammen. Leise weint sie in das Kissen. Sie hat es sich angewöhnt, ihre Tränen niemandem zu zeigen, ihren seelischen

Schmerz zu verbergen. Hassan hasst Tränen. Er duldet keine Gefühle, die ihn belasten. Er will nicht von einer emotionalen Frau in seinem Alltag gestört werden.

Das Schlafzimmer ist seit vier Wochen Nicoles kleiner Schutzraum. Es kommt ihr wie eine Ewigkeit vor, seit sie im Haus ihres Freundes eingesperrt wurde. Sie liegt die meiste Zeit auf dem breiten Doppelbett mit dem pompösen weißen Holzrahmen und den vielen bunten Decken und Kissen. Zwischen ihnen versteckt sie sich vor den Schrecken ihres neuen Lebens. Hier denkt sie an ihre kleine Tochter Emma, die sie nur alle paar Tage einmal für kurze Zeit sehen darf. Das zerreißt ihr das Herz. Emma ist doch ihr einziges Glück. Ihre einzige große Liebe.

Als ich zum ersten Mal mit Oma Kötter telefonierte, war gerade ihre Welt zusammengebrochen. Sie suchte Hilfe bei mir. Mehrere Wochen lang hatte sich ihre Enkelin Nicole nicht bei ihr gemeldet. Die 19-Jährige befand sich mit ihrer erst zwei Jahre alten Tochter Emma und ihrem Freund Hassan auf einer Urlaubsreise in Dubai. Nicole und das kleine Mädchen lebten damals in einem städtischen Mutter-Kind-Heim. Hassan, der Vater des Kindes, hatte versprochen, mit Nicole in eine gemeinsame Wohnung zu ziehen. Vorher wollte der von Haus aus reiche junge Mann aus Saudi-Arabien noch einmal Urlaub machen mit Frau und Kind.

Fast täglich rief Nicole in der ersten Woche aus dem Hotel an und erzählte ihrer Oma aus Deutschland begeistert von ihrem Urlaub. Von dem tollen Wetter und dem herrlichen Swimmingpool. Von dem guten Essen und der Partystimmung am Abend. Doch dann blieben die Anrufe aus Dubai plötzlich aus, und die 73-jährige, lebenserfahrene

---

115

Frau ahnte Furchtbares: Wenn sich Nicole nicht mehr meldete, dann war ihr und dem Kind etwas zugestoßen.

Die beiden Frauen waren sich trotz des großen Altersunterschieds sehr nah. Die Beziehung Nicoles zur Oma war weitaus enger als die zu ihren eigenen Eltern. Großmutter und Enkeltochter verband großes Vertrauen, sodass sie auch alltägliche Probleme miteinander besprachen. Oma Kötter konnte sich also sicher sein: Wenn sich Nicole nicht bei ihr meldete, dann war etwas passiert. Aber was? Die Ungewissheit machte der alten Frau sehr zu schaffen. Ließ sie nicht zur Ruhe kommen. Ständig plagten sie die immer gleichen Fragen, auf die es keine Antwort gab.

Im Kopf der alten Frau liefen schreckliche Szenen ab, die sie nicht stoppen konnte: Da lagen Nicole und Emma wie leblos in einer düsteren Zelle. Da taumelten die beiden Mädchen halb verdurstet durch die Wüste. Und noch schrecklichere Dinge.

Und das Telefon blieb stumm. Vergeblich wählte Oma Kötter wieder und wieder die Nummer von Nicoles Handy. Manchmal 50-mal am Tag. Doch von Nicole gab es kein Lebenszeichen. Oma Kötter telefonierte schließlich mit den Freundinnen der Enkelin. Mit Nicoles Eltern, die kein gutes Verhältnis zu ihrer Tochter hatten und von nichts wussten. Mit dem Mutter-Kind-Haus, in dem Nicole, von Sozialarbeitern betreut, gemeinsam mit Emma wohnte. Doch keiner hatte etwas von Nicole gehört.

Auch Nicoles Klassenlehrerin in der Schule, in der die 19-Jährige den Hauptschulabschluss nachmachte, war ahnungslos: «Nicole wollte nach den Osterferien weiter zur Schule gehen, da bin ich mir ganz sicher. Ich glaube nicht, dass sie aus freien Stücken fort ist, ohne ein Wort zu sagen.»

Dann lief Oma Kötter, schwer gehbehindert, zur nächsten Polizeiwache und gab eine Vermisstenanzeige auf.

Erst viel später klärt sich auf, was auf der Urlaubsreise in Dubai geschehen ist. Hassan und Nicole verbringen in ihrem Urlaubshotel einige glückliche Tage miteinander. Bis zu einem Anruf von Hassans Bruder.

«Meine Mutter ist schwer erkrankt», stöhnt Hassan mit leidvollem Gesicht, «ich muss nach Riad. Sie stirbt vielleicht. Ich muss sie noch einmal sehen. Lass uns hinfahren.»

Nicole lehnt zunächst ab, der Freund versucht, sie zu überreden. Sie ringt mit sich. Mitfahren oder nicht? Dem Freund vertrauen oder auf ihre Großmutter hören? Denn Oma Kötter warnte sie: «Fahr mit Hassan nicht nach Riad. Auf keinen Fall nach Riad. Da hast du als Frau keine Rechte mehr. Wenn du dort bist, wird er dich und Emma nicht mehr zurück nach Hause lassen.»

Das junge Mädchen lachte und fuhr sich schwungvoll durchs Haar. «Hassan liebt mich. So etwas würde er nie tun.»

«So gut kennst du Hassan nun auch wieder nicht.»

«Ich pass schon auf», beruhigte Nicole ihre Oma.

Die Liebe hat schon viele Menschen ins Unglück gestürzt. Aber für manche wird sie zur Hölle, wie Nicole schon bald erleben wird.

Nicole war erst 14 Jahre alt, als sie Hassan in einem Café kennenlernte. Sie verliebte sich sofort in ihn, war beeindruckt von seinem Lebensstil. Der fast doppelt so alte Saudi studierte in Deutschland, fuhr ein schickes Auto, wohnte in einem schönen Hotel und versprach dem Mädchen ein Leben ohne Sorgen. Schon bald waren sie ein Paar, obwohl

Hassan immer wieder für Monate in seine Heimat flog. Für Nicole war es die große Liebe.

Bei einem seiner Besuche in Deutschland «heirateten» Hassan und Nicole. Es war eine bizarre Szene im Badezimmer seines Hotels. Er hatte Nicole gebeten, sich an diesem Abend für ihn besonders schön zu machen.

Als sie in seinem Hotelzimmer eintrifft, steht ein Sektkühler mit einer Flasche Champagner auf dem Schreibtisch, das Licht ist gedimmt, dazu die Klänge romantischer arabischer Musik. Die Tür zum Badezimmer ist weit geöffnet, und Nicole geht das Herz auf, als sie die vielen brennenden Kerzen sieht. Hassan hat sich wirklich große Mühe gegeben. Er nimmt Nicole an die Hand und führt sie ins Bad. Vor dem Spiegel bleibt er stehen und bittet sie, ihm tief in die Augen zu sehen.

«Willst du meine Frau werden?», fragt Hassan.

«Ich bin doch erst 15», flüstert Nicole verunsichert.

«Das ist das beste Alter für Mädchen zum Heiraten.»

Der junge Mann erzählt seiner Braut, dass es in seiner Heimat Sitte ist, dass die Mädchen sehr jung heiraten. Er verschweigt, dass sie oft noch als Kinder von der Familie des Bräutigams gekauft werden. Bis zu umgerechnet 20 000 Euro zahlen die Eltern des zukünftigen Ehemannes. Hassan gesteht Nicole auch nicht, dass er ihrem Vater im Vorfeld 1000 Euro geboten hat, damit er in die Hochzeit einwilligt. Der Vater lehnte ab.

Der junge Mann umarmt und küsst seine verwirrte, aber von der Champagner-Stimmung stark beeindruckte Freundin leidenschaftlich. Im flackernden Licht der Kerzen schwört er, immer für sie und ihre Kinder, die sie ja irgendwann zusammen haben werden, zu sorgen. Dann gibt er der minderjährigen Braut den Hochzeitskuss und beteuert: «Nach islamischem Brauch sind wir jetzt verheiratet.»

Nicole lächelt unsicher, aber sie ist glücklich. Hassan ist jetzt ihr Mann. Er ist ihre Familie. Für sie ist diese heimliche Hochzeit wie ein romantisches Abenteuer, eine kleine Traumreise aus ihrem oft recht trüben Alltag.

Ein Jahr später bekommt sie ein Kind von Hassan. Die kleine Emma bindet Nicole noch enger an ihren Freund. Er ist ihr Traumprinz. Mit ihm möchte sie ihr Leben lang zusammenbleiben. Zwar lebt Hassan inzwischen die meiste Zeit in Riad, er kommt aber immer wieder zu Besuch zu seiner Familie nach Deutschland. Doch Nicole möchte mehr, ein richtiges Familienleben. Und so verspricht Hassan der jungen Mutter, bald eine Wohnung zu mieten.

Es hat sich eine starke Liebe zwischen den beiden jungen Menschen entwickelt. Doch Nicole erkennt bald, dass sie als Hassans Frau nicht mehr frei ist. Eine der wichtigsten Regeln in Saudi-Arabien lautet: Der Mann hat immer das Sagen.

Eine muslimische Frau darf zwar keinen Andersgläubigen heiraten, einem muslimischen Mann ist das jedoch erlaubt. Allerdings werden die Kinder aus solchen Beziehungen automatisch Muslime. Und ein Saudi erhält automatisch das Sorgerecht für die Kinder, wenn sich die Ehefrau von ihm scheiden lassen will. Nicole weiß all das nicht. Sie stimmt nach vielen Gesprächen schließlich zu, Hassan nach Riad zu begleiten. Das wird sie ein Leben lang bereuen.

Nach dem Gespräch mit Nicole sitzt Oma Kötter niedergeschlagen in ihrem kleinen Wohnzimmer. Die alte Frau fühlt sich normalerweise hier sehr wohl. Sie sitzt meist in ihrem großen Ohrensessel mit dem abgewetzten Blümchenmusterstoff, sieht fern oder liest.

Oma Kötter starrt in die Luft, als erwarte sie von einer unsichtbaren Macht eine Lösung des Problems. Als könnte ihr der Himmel, als könnte ein Gott helfen. Seit Wochen hat sie auf dieses Lebenszeichen ihrer beiden Mädchen gewartet. Doch Nicoles Anruf ist keine Erlösung von allen Sorgen, sondern nur der Vorbote von noch mehr Leid und Trauer.

Hol mich hier raus!

Diese vier Worte sind nicht nur ein Hilferuf für Oma Kötter, sondern geradezu ein Befehl, nun alles zu unternehmen, um ihre Enkelin und deren Tochter zu retten. Der Schrei nach Hilfe hallt immer wieder durch ihre Gedanken, lässt sie nicht zur Ruhe kommen.

Verstört und verzweifelt schleppt sich Oma Kötter mit schweren Füßen wieder zur Polizeiwache. Zitternd berichtet sie dem freundlichen Polizisten, der schon vor Wochen die Vermisstenanzeige aufgenommen hatte, über Nicoles Anruf aus Riad. Er hört geduldig zu und macht sich Notizen. Er wird sich kümmern, sagt er, macht ihr aber auch keine großen Hoffnungen auf ein glückliches Ende der Geschichte.

«Ihre Enkeltochter ist volljährig. Die kann tun und lassen, was sie will», bedauert der Polizist. «Auch dürfen wir nicht einfach einen Kollegen in Saudi-Arabien anrufen und ihn bitten, die Adresse eines Mannes in Riad herauszufinden, geschweige denn mal eben vorbeizufahren. Dienstwege müssen wir einhalten. Das kann dauern.»

Der Polizist seufzt, und Oma Kötter fällt das Atmen schwer. Sie fühlt sich hilflos. Völlig hilflos. Sie erfährt, dass zunächst polizeiintern das Vorgehen geklärt werden muss.

Es ist schließlich eine internationale Angelegenheit, die sich als heikel erweisen könnte. Ist aus der Reise nach Riad tatsächlich eine Entführung und Geiselnahme geworden? Oder sind Mutter und Kind gar nach Riad gelockt worden?

Ein Staatsanwalt übernimmt den Fall. Der wägt die Argumente ab und trifft so schnell keine Entscheidung. Soll er den Fall als Familienangelegenheit behandeln und die Botschaft in Riad, also die Diplomaten einschalten? Soll er von einem Verbrechen ausgehen und das Bundeskriminalamt und Interpol informieren?

Soll er den Vermisstenfall wirklich so ernst nehmen? Ist vielleicht gar kein Verbrechen geschehen? Ist das Mädchen vielleicht einfach mit ihrer großen Liebe in der Fremde geblieben und jetzt in Panik, weil das Märchen nicht so verläuft, wie sie es sich vorgestellt hat?

Fragen über Fragen in den Behörden. Auf Weisung der Staatsanwaltschaft unternimmt die Polizei nichts. Noch mehr Sorgen für Oma Kötter.

Für Nicole hat sich derweil nichts verändert. Sie zieht sich von Hassan zurück, bleibt ihm gegenüber misstrauisch und abwehrend. Vor allem aber denkt sie ständig an Emma, die sich irgendwo im Haus befindet und die sie nur alle paar Tage sehen darf. Die junge Mutter sorgt sich, dass das Kind auch gut ernährt wird und man sich um die Kleine gut kümmert.

Der Alltag in Riad ist ein Paradies für Männer und die Hölle für Frauen. Männer dürfen alles, Frauen nicht viel. Sie dürfen nur in Begleitung von männlichen Familienmitgliedern aus dem Haus. Sie dürfen die Kinder gebären und großziehen, für die Familie kochen, die Wohnung aufräumen und putzen, falls sie keine Bediensteten haben. Sie müssen für ihren Mann schön aussehen und sich gut kleiden und dem Mann, wann immer er es will, für Sex zur Verfügung stehen.

Für Oma Kötter vergehen die Tage des Wartens quälend langsam. Die Stunden ziehen sich endlos hin. Sie hat sich in einer Buchhandlung Bücher über Saudi-Arabien gekauft. Sie will mehr darüber wissen, wie Frauen in dem arabischen Land leben. Sie erfährt, wie hoffnungslos die Situation Nicoles in Riad wirklich ist: Ausländerinnen, die einen Saudi heiraten, kommen nicht mehr aus dem Land heraus, wenn ihr Mann ihnen die Ausreise verwehrt. Ohne seine Unterschrift gibt es keine Ausreisegenehmigung und ohne die führt einfach kein Weg aus dem Land.

Die Lektüre der Bücher macht Oma Kötter noch trauriger. Wenn sie gerade nicht liest oder fernsieht, starrt sie auf das Telefon. Sie traut sich kaum noch aus dem Haus. Sie ist ständig in Sorge, sie könnte einen weiteren Anruf von Nicole verpassen. Sie sitzt allein in ihrer kleinen Wohnung und überlegt krampfhaft, was sie noch tun kann. Sie hat recht behalten, als sie Nicole davor warnte, mit Hassan nach Riad zu fahren. Aber das Wissen darum macht sie nur noch trauriger.

Als sie die Hoffnung fast schon aufgegeben hat, klingelt das Telefon dann tatsächlich. Es ist wieder Nicole. Doch sie kann nicht lang sprechen: «Hilf mir, Oma. Bitte! Ich bin so verzweifelt. Ich weiß nicht, was ich tun soll. Hilf mir. Da kommt jemand ...»

Noch bevor Oma Kötter antworten kann, beendet Nicole das Gespräch. Wie vom Schlag getroffen sitzt die alte Frau in ihrem Sessel. Nur ihre Mundwinkel zittern, weil sie noch nach Worten sucht, als das Gespräch auch schon wieder vorbei ist. Was soll sie nur tun? Oma Kötter schlurft noch einmal zur Polizeiwache. Der Beamte nimmt wieder ihre Aussage zu Protokoll und verspricht sich zu kümmern.

Schließlich ruft Oma Kötter mich an, weil sie durch einen Bekannten erfahren hat, dass ich Angehörige von Vermissten kostenlos berate. Es passiert mir nicht oft, dass mich ein Gespräch so mitnimmt. Ich empfinde stets Mitgefühl, aber diese Geschichte rührt mich zu Tränen.

Aus Erfahrung weiß ich, wie schwer es ist, eine Behörde davon zu überzeugen, in Aktion zu treten. Selbst wenn das Verschwinden der beiden Deutschen in Riad öffentlich gemacht wird, sieht in den Behörden kein Beamter genau hin. Dazu braucht es mehr: öffentlichen Druck. Medien müssen Schlagzeile für Schlagzeile bringen, um das Interesse der Bevölkerung zu wecken. Im Internet müsste es einen Shitstorm geben. Bürgerinitiativen oder Interessengruppen wie Amnesty International müssten eine Kampagne starten. Aber nichts davon passiert.

Ich sehe die junge Frau in einem dunklen Haus in Riad eingesperrt. Immer den Launen des einst geliebten Mannes und jetzigen Entführers und seiner Familie ausgesetzt. Weggesperrt und getrennt von der geliebten kleinen Tochter, für die die Mutter alles tun würde. Ein Leben in Finsternis in einem Land, in dem die Sonne die meiste Zeit unbarmherzig scheint.

Ich sitze an meinem Schreibtisch und frage mich: Wie kann ich aus der Ferne das Schicksal der beiden wenden? Stundenlang recherchiere ich im Internet vergleichbare Fälle. Es ist spät in der Nacht, als ich schließlich voller Wut über meine Hilflosigkeit in die Tasten des Computers haue. In dieser Nacht schreibe ich mehrere E-Mails. Eine an den

Oberbürgermeister der Stadt, eine an den deutschen Botschafter in Saudi-Arabien und eine Anzeige an die Staatsanwaltschaft.

Ich schildere der Staatsanwaltschaft den Fall und bitte um Ermittlungen wegen des Verdachts der Entführung und Freiheitsberaubung. Außerdem ersuche ich den deutschen Botschafter in Riad, mit Nicole Kontakt aufzunehmen und ihr anzubieten – zur Not wie üblich auch auf Kosten der Bundesrepublik Deutschland –, für ihre Heimreise zu sorgen. An den Oberbürgermeister richte ich folgenden Appell: «Wichtig wäre es jetzt, schnell zu handeln. Ich wäre Ihnen aus Sorge um die junge Frau und ihr Kind dankbar, wenn Sie sich mit der Kraft Ihres Amtes für eine Klärung der Angelegenheit einsetzen würden. Dies ist umso dringender, da sich Mutter und Kind zuletzt in einem Mutter-Kind-Heim der städtischen Jugendbehörde befanden, was ja auch schon viel über die Schutzbedürftigkeit der Betroffenen und die Fürsorgepflicht der Jugendbehörde aussagt.»

Man könnte denken, dass man durch Briefe und Appelle etwas erreichen kann. Dass nach einem solchen Alarm in den Behörden und Ministerien einige Mitarbeiter nach Lösungen suchen würden. Dass eventuell sogar ein Krisenstab eingesetzt wird, wie man es aus den Nachrichten kennt, wenn zum Beispiel ein Manager oder Entwicklungshelfer in einem fernen Land entführt wurde.

Doch nichts geschieht. Schließlich telefoniere ich mit dem Reporter einer Tageszeitung. Und der reagiert prompt. Am nächsten Tag heißt die Schlagzeile in der Zeitung: «Vermisst-Experte schreibt Bürgermeister – und erstattet Strafanzeige».

Behörden und Ministerien arbeiten langsam. Man muss zudem bedenken, dass sich die internationale Diplomatie nicht von Einzelschicksalen beeinflussen lässt. Aufsehenerregende Ereignisse wie etwa die Inhaftierung von Journalisten oder Menschenrechtlern in der Türkei zeigen, dass sogar eine deutsche Bundeskanzlerin ohnmächtig ist. Wenn eine unbekannte, junge Frau, die aus Naivität und Unwissenheit in eine unglückliche Situation geraten ist, in Saudi-Arabien Hilfe benötigt, passiert erst einmal gar nichts.

Wieder vergehen viele Wochen. Warten. Immer nur Warten. Wer sich wie Oma Kötter vergeblich nach einem Lebenszeichen von einem Menschen sehnt, befindet sich in einem imaginären Wartesaal. Dieser Raum ist völlig leer. Ohne Stühle und Tische und vor allem ohne Menschen. Man steht völlig allein in einem riesigen Saal und sieht sich um und dreht sich im Kreis und beobachtet die Türen, die zwar hinein-, aber nicht hinausführen. Man hofft, dass sich die Türen öffnen und der vermisste Mensch hereinkommt oder er zumindest ein Lebenszeichen hineinruft. Doch niemand kommt, und niemand meldet sich, und so fühlt man sich mehr und mehr allein. Allein mit sich und seinen Gedanken und Hoffnungen.

Mehrmals telefoniere ich in dieser Zeit mit Oma Kötter. Dann schreibe ich an den Senator für Soziales und telefoniere mit der Stadtverwaltung. Es dauert lange, weil ich von einem Vorzimmer zum nächsten verbunden werde. Als ich endlich eine Mitarbeiterin des Senators an der Strippe habe, gerate ich in Streit mit ihr. Denn sie will mit mir weder über das Verschwinden von Nicole und ihrer Tochter Emma noch über die Verantwortung der Behörde für Mutter und Kind sprechen noch darüber, wie man den

Gefangenen in Riad helfen kann. Ich solle mich aus allem heraushalten.

Dabei erwarte ich nur konkrete Antworten auf zwei Fragen: Kümmert man sich überhaupt um den Fall? Und falls ja: Was unternimmt man, um die beiden zu befreien?

Als ich Oma Kötter von diesem Gespräch erzähle, schweigt sie. Es ist das stille Leiden eines Menschen, der in seinem Leben schon viele Ungerechtigkeiten ertragen musste. Sie kennt die Reaktionen von Behördenvertretern. Der Reporter appelliert noch einmal vergeblich in seiner Zeitung: «Großeltern flehen Behörden an: Holt sie zurück! Frau & Baby nach Saudi-Arabien verschleppt.»

Niemand hilft. Die Staatsanwaltschaft stellt schon bald die Ermittlungen wegen Entführung und Verschleppung ein. Man gehe davon aus, dass der Beschuldigte das Kind nicht gehen lassen will: «Da beide das Sorgerecht haben, ist dies ein Fall fürs Familiengericht, nicht für uns.» Das Auswärtige Amt kann nicht helfen, weil das Paar ja angeblich verheiratet sei. Ein befreundeter Journalist schlägt vor, mit einem Fernsehteam nach Riad zur reisen und Nicole zu suchen. «Wir üben öffentlichen Druck auf die Diplomaten aus», verspricht er mir.

Oma Kötter möchte jedoch nicht mehr mit den Medien sprechen. Sie hat Angst, dass Hassans Familie die Entführten dann vielleicht buchstäblich in die Wüste schickt.

Schließlich wende ich mich an den «Weißen Ring». Das ist eine Organisation, die sich um die Opfer von Gewalt kümmert und mit der ich vor Jahren ein Buch gemacht habe, eine Bestandsaufnahme über Opfer in dieser Gesellschaft. Dort versteht man mein Anliegen sofort und verspricht, nach einer Lösung zu suchen. Ich bekomme die wertvolle Info, dass es in Berlin eine Anwältin gibt, die Erfahrung mit dieser Art internationaler Familienprobleme hat. An diese Frau wendet sich Oma Kötter nun.

Es vergehen wieder Monate. Wer es mit Diplomaten zu tun hat, muss sich darauf einstellen, dass Zeit keine Rolle spielt. Wenn der Mensch das Herz ausschaltet und der Kopf das Ziel bestimmt, haben Wochen, Monate und Jahre keine Bedeutung mehr für das Handeln. Diplomaten scheuen das Direkte, kennen alle Umwege und denken lieber zweimal nach, bevor sie nichts sagen, beschrieb der britische Staatsmann Winston Churchill einmal ihre Arbeit. Botschafter sind letztlich nicht viel mehr als die Briefträger ihrer Regierung. Und wenn sich die Politiker nicht für das Schicksal einer Mutter und ihrer kleinen Tochter interessieren, muss ein Botschafter nicht viel tun.

Schließlich erreicht die Berliner Anwältin die Zustimmung von Hassan und seiner Familie, dass Nicole die deutsche Botschaft in Riad aufsuchen darf. Für eine junge Frau, die sich nichts sehnlicher wünscht, als wieder in Freiheit zu sein und selbst entscheiden zu können, wo sie ihr weiteres Leben verbringen möchte, ist das ein großer Tag. Da sitzt Nicole nun in dem nüchtern möblierten Raum des Botschafters. Aus einem Bilderrahmen an der Wand lächelt der Bundespräsident herab, und die junge Mutter erzählt dem Diplomaten ihre Geschichte. Niemand erfährt die Details dieses Gesprächs. Die Berliner Rechtsanwältin wird später Oma Kötter berichten, dass Nicole alleine in die Botschaft gekommen ist. Hassan hat ihr verboten, die kleine Emma mitzunehmen. Ein schändlicher Trick. Denn wenn Mutter und Kind gemeinsam in die Botschaft gegangen wären, wären sie in Sicherheit gewesen. Auf dem Botschaftsgelände gilt nämliche das deutsche und nicht das saudi-arabische Recht.

Das hat Hassan geschickt verhindert. Das Kind ist das Druckmittel, mit dem er Nicoles Flucht verhindert. Sie erklärt dem Botschafter: «Ich darf gehen – aber nur ohne meine Tochter!»

Ein verzweifeltes Bündel Mensch sitzt vor dem Botschafter der Bundesrepublik Deutschland. Und doch so stark durch ihre Mutterliebe. Eine junge Frau, zerrissen zwischen der Liebe zu ihrem hilflosen, kleinen Kind auf der einen Seite und der Sehnsucht nach Heimat und Freiheit und ihrer Großmutter auf der anderen. Keine Mutter würde ihre Tochter alleine zurücklassen. Mutterliebe ist so stark, dass sie jedes Leid dieser Welt erträgt.

Nicole verlässt die Botschaft und wird nie mehr gesehen.

Ich habe schon lange nichts mehr von Oma Kötter gehört. Sie ist nicht mehr zu erreichen. Vielleicht ist sie mittlerweile verstorben. Als wir das letzte Mal sprachen, klang ihre Stimme sehr dünn und resigniert: «Meine Mädchen sind immer noch in Riad. Nicole will nicht zurückkommen. Ohne Emma kommt sie nicht. Ich möchte meine Mädchen so gerne noch einmal in die Arme nehmen, bevor ich sterbe.»

Wir denken immer, die Welt sei gerecht oder wir könnten sie, falls es nicht so ist, ändern. Wir glauben an die Worte von Politikern, die uns Gerechtigkeit versprechen. Doch die Welt ist nicht gerecht. Wir leben nur in einem Land, das uns mehr Gerechtigkeit bietet als den Menschen anderswo.

In Riad waren die Frauen schon sehr dankbar, als der König ihnen endlich erlaubt hat, ohne männliche Begleitung Auto zu fahren. Für Saudi-Arabien war das ein so aufsehenerregender gesellschaftlicher Fortschritt, dass die Bilder des Staatsaktes, die Unterzeichnung der Anordnung durch den König, weltweit in den Medien kommentiert wurden. Von der ersten Idee bis zur Entscheidung des Königs hatte es mehr als zehn Jahre gedauert.

Es wird also noch sehr, sehr viele Jahrzehnte, wenn nicht noch Jahrhunderte dauern, bis die Frauen in Riad so gleichberechtigt sein werden, dass sie alleine entscheiden können, wohin sie mit ihrem Kind reisen wollen.

Nicole und ihre kleine Emma werden diesen Fortschritt nicht mehr erleben. Sie werden in Riad schon lange gestorben sein.

Tod einer Tramperin

Manchmal weiß die Polizei auch ohne Leiche, dass eine vermisste Person tot ist. An einem Morgen im Mai sitzt Kriminalhauptkommissar Bernhard Stegemann in seiner Dienststelle und ist wieder einmal sehr nachdenklich und auch ein wenig verzweifelt. Er ahnt, was niemand auszusprechen wagt: Die 16-jährige Schülerin Sabine Halter ist tot.

Vor wenigen Stunden wurde das Mädchen von ihren Eltern als vermisst gemeldet. Sabine ist ein besonders schönes Mädchen. Irene und Wolfgang Halter haben Fotos in die Polizeiwache mitgebracht. Schulterlange, schwarze Haare. Ein zartes, schmales Gesicht mit wunderschönen dunkelbraunen, sanften Augen.

Manchmal wissen Polizisten, dass ihre Arbeit zu keinem glücklichen Ende führen wird. Dass ihre Arbeit nur ein Ergebnis bringen kann: Die vermisste Person ist tot. Die Umstände des Verschwindens sprechen dafür, dass Sabines Leben vermutlich bereits an diesem Morgen ausgelöscht wurde. Nach 20 Dienstjahren blickt der Beamte auf einen großen Erfahrungsschatz zurück. Polizisten sind immer da, wo Schmerz und Leid ist und andere Menschen möglichst wegsehen. Vieles erlebte Stegemann selbst: Tränen, Verzweiflung, die Hoffnungslosigkeit von Angehörigen. Nach einem Verkehrsunfall, nach Mord und Totschlag.

Am Vorabend hat sich Sabine mit ihrem Freund Sven in

einem Café getroffen. «Dann habe ich Sabine zur Bushaltestelle gebracht», erzählt Sven den Polizeibeamten. Sabine wohnt in einem Vorort. Der Bus braucht fünfzehn Minuten bis zum Haus ihrer Eltern. Doch dort ist Sabine nie angekommen.

Der Busfahrer konnte sich genau erinnern, dass das Mädchen nicht zu ihm in den Bus gestiegen ist. «Ich habe zwischen 22 und 24 Uhr nicht einen einzigen Fahrgast auf der Strecke gehabt», erzählt er der Polizei. «Das war sehr ungewöhnlich für mich.»

Zufälle spielen bei manchen Verbrechen eine wichtige Rolle. Wenn der Zufall es will, fährt an einem Abend ein potenzieller Mörder an einer Bushaltestelle vorbei und hält an. Sabine, da ist sich der Kripobeamte sicher, hat nicht auf den Bus gewartet. Sie ist getrampt. Vielleicht wurde ihr die Zeit zu lang, und sie winkte den vorbeifahrenden Autos zu. Vielleicht hielt aber auch jemand von sich aus und bot an, sie mitzunehmen.

Tausende Male geht es gut, und der Fahrer ist ein freundlicher, netter Mann, der nur Gutes will. Doch das eine Mal, dieses eine Mal ist da ein Mann, der krank oder kriminell ist und der bereit ist, einem Mädchen Gewalt anzutun.

Sabine wäre nicht das erste Mädchen, das so gestorben ist. Stegemann kennt diese Fälle aus der Fachliteratur und den Seminaren während seiner Ausbildung, aber auch aus eigener Erfahrung. Immer wieder warnt die Polizei davor, zu fremden Menschen in den Wagen zu steigen. Aber gerade in ländlichen Gebieten ist Trampen unter Jugendlichen weit verbreitet.

Sabines Freund Sven macht sich große Vorwürfe, nicht gewartet zu haben, bis Sabine in den Bus eingestiegen und heimgefahren ist. Unter stillen Tränen der Verzweiflung erzählt Sven: «Ich musste um 23 Uhr zu Hause sein. Sonst hätte ich für die ganze nächste Woche Hausarrest bekommen. Ich hab noch für eine Mathearbeit lernen müssen. Mathe ist nicht so mein Ding.»

Sven und Sabine knutschten noch ein wenig an der Bushaltestelle. Dann verabschiedete sich Sven. Er musste heim. Es war schon spät. Der Freund verließ sie mit einem mulmigen Gefühl und mahnte: «Pass auf dich auf!» Eine Floskel, die man so dahersagt.

Sabine blieb allein zurück. Es war stockdunkel in dieser Nacht. Ein schwacher Wind rauschte durch den düsteren, dichten Wald hinter der Haltestelle. Sie ist nur durch eine einzige Straßenlaterne beleuchtet und um diese Zeit in der Regel verwaist.

Schon am Morgen nach ihrem Verschwinden berichtet der regionale Radiosender über das Ereignis, woraufhin sich ein Autofahrer meldet, der das Mädchen kurz nach 23 Uhr im schummrigen Schein der Straßenlaterne hat stehen sehen. «Ich habe erst überlegt, ob ich anhalten soll. Aber dann habe ich gedacht, wie komisch das doch ist, wenn ich mich anbiete, ein junges, fremdes Mädchen nachts im Auto mitzunehmen.»

Er hat nicht gesehen, ob Sabine den Daumen herausgestreckt hat. Seine Entscheidung war spontan. Anhalten oder nicht? Weiterfahren!

Sekunden nur, die möglicherweise über Leben und Tod entschieden haben. Weitere Hinweise hat Stegemann nicht, doch sein Gefühl und seine Erfahrung sagen ihm: Das Mädchen ist tot.

Aber das kann er den Eltern natürlich nicht sagen, die

nun alle paar Stunden bei ihm anrufen und fragen, ob er Nachricht von Sabine hat, ob sich Zeugen gemeldet haben. Die Medien sind informiert, beruhigt Stegemann die Eltern. Das Foto wird am Abend im Regionalfernsehen gezeigt, am nächsten Tag ist es in der Zeitung. Der Beamte hat an diesem Morgen schnell gehandelt und viel getan, um das Mädchen, um die Leiche des Mädchens zu finden – aber das alles sagt er den Eltern nicht. Er macht ihnen keine falschen Hoffnungen, aber er nimmt ihnen auch nicht den Mut, an einen guten Ausgang zu glauben.

Er sagt nicht, dass er bereits den Förster und einige Jäger aus der Umgebung informiert und sie um Streifgänge gebeten hat. Er sagt nicht, dass die Handy-Ortung von Sabines Smartphone keinen Erfolg hatte. Er sagt nicht, dass sein Chef mit Experten darüber berät, eine Hundertschaft von der Polizeihochschule anzufordern, um die Wälder und Wiesen in der Umgebung des Wartehäuschens nach der Leiche von Sabine zu durchkämmen.

Auch die Eltern, Verwandten und Freunde des Mädchens sind sehr schnell aktiv geworden. Sie haben alle Menschen angerufen, die in letzter Zeit Kontakt mit Sabine hatten. Niemand kann sich vorstellen, dass Sabine freiwillig fortgegangen ist, sei es aus Liebeskummer, aus Angst vor schlechten Schulnoten oder warum auch immer. Sie drucken und verteilen Suchplakate und Flugblätter. Mehr und mehr breitet sich unter den Einwohnern dieser kleinen Stadt, in der Neuigkeiten noch von Haus zu Haus, von Geschäft zu Geschäft weitergetragen werden, Unruhe aus. Eltern verbieten ihren Kindern, aus dem Haus zu gehen. Die Spielplätze sind verwaist, obwohl so schönes Wetter ist, der Jugendtreffpunkt schließt, weil niemand mehr kommt. Die

133

Trainer in den Sportvereinen mahnen die Jugendlichen, auf direktem Weg nach Hause zu gehen. Die meisten Eltern holen ihre Kinder mit dem Auto ab.

Schon in der ersten Nacht nach dem Verschwinden von Sabine sprechen viele Menschen hinter verschlossenen Türen vom Tod des Mädchens. Sie rechnen nicht damit, dass die 16-Jährige heimkehrt.

Irene und Wolfgang Halter stellen eine brennende Kerze in das Fenster von Sabines Kinderzimmer. Sie wird noch viele Abende leuchten. Ein einsames Licht in düsteren Nächten. Ein trauriger Wegweiser für ein vermisstes Kind.

Vier Wochen später findet ein Jäger Sabines Leiche im Wald in der Nähe der Bushaltestelle. Alle haben es geahnt.

Das Geheimnis des Hobbykellers

———————

Josef Reiser steht mit starrer Haltung mitten auf dem Spielplatz. An jeder Hand hält er eine seiner beiden Töchter. Die fünfjährigen Zwillinge schauen mal fragend zu Reiser hoch, mal verlegen zu mir. Ich stehe neben der Filmkamera ein paar Meter vor ihnen und gebe dem Kameramann leise Anweisungen. Reiser starrt Richtung Kamera und erzählt stockend, ein wenig roboterhaft, wie auswendig gelernt: «Meine Frau Brigitte ist verschwunden. Als morgens um sieben Uhr mein Wecker schellte, lag sie nicht neben mir. Sie hatte auch kein Frühstück vorbereitet. Sich nicht um unsere beiden Kinder gekümmert. Keine Nachricht hinterlassen. Sie war einfach weg.»

Die Zwillinge Marita und Lydia tragen blau geblümte Kleider, ihre blonden, halblangen Haare sind zu Zöpfen zusammengebunden, als würden sie gleich zu einem Fest gehen. Reiser, von Beruf Elektrotechniker, hat seinen Blaumann gegen einen grauen Anzug getauscht, der ihn noch trauriger wirken lässt. Der 31-Jährige hat eine extrem hagere Figur, und in sein Gesicht haben sich tiefe Falten eingegraben. Sein Blick ist voller Kummer und Schmerz, und seine Schultern sind gebeugt. Er ist kein Mensch großer Emotionen, aber jetzt stehen ihm die Tränen in den Augen.

Ein großer Teil seines Lebens besteht aus Stromkabeln und Steckverbindungen und den Geheimnissen ihres Zusammenspiels. Während des Interviews beantwortet Rei-

———————

ser meine Fragen sachlich und ohne Nervosität. Am Vortag hat er mich angerufen und gebeten, ihm bei der Suche nach seiner verschwundenen Ehefrau behilflich zu sein und einen Fernsehbericht zu machen. Jetzt erklärt er, mit welchen Ritualen die 27-Jährige morgens ihren Tag begann: Frühstück für die Kinder machen, Bügeln zur Musik, Aufräumen, Betten machen, Besorgungen. Zweimal in der Woche kaufte sie im Naturkostladen gegenüber ein. Fast täglich ging sie nach der Hausarbeit mit den Kindern zum Spielplatz am Ende der Straße. «Sie saß dann auf der Bank und strickte», erzählt ihr Mann. «Am Wochenende war ich immer dabei. Und manchmal kaufte sie auch für ihren alten Onkel ein, der in unserer Nachbarschaft wohnt.»

«Gab es Anhaltspunkte für das Verschwinden Ihrer Frau? Hatte sie eine Krise?», frage ich.

Reiser überlegt einen Moment. «Nein, es gab keine besondere Krise. Sie ist auch nie länger fort gewesen, weil sie doch die Kinder hatte. Sie hatte allerdings Magersucht und immer wieder mal Depressionen. Deswegen habe ich auch gleich nach ihr gesucht. Ich habe meine Mutter angerufen, meine Schwester, meinen Schwager, den Onkel, unsere Freunde – keiner wusste etwas. Ich habe mich dann in der Firma beurlauben lassen. Die Kinder kann ich bei meiner Schwester oder auch mal bei der Besitzerin vom Naturkostladen gegenüber lassen. Ich bin dann mit dem Auto alle Orte abgefahren, wo meine Frau und ich mal gewesen sind. Restaurants, Ausflugslokale, die Stammkneipe, Spazierwege. Am zweiten Tag habe ich die Polizei angerufen und dann eine Vermisstenanzeige aufgegeben. Die Polizisten haben mich vertröstet und meinten, dass meine Frau in den nächsten Tagen ganz sicher wieder nach Hause kommt.»

Reiser geht mit seinen Töchtern zu den Schaukeln am Rand des Spielplatzes, setzt sie auf die Holzsitze und schubst sie an. Dann sieht er wieder in die Kamera und erzählt von seinen Empfindungen. «Wir alle, ich selbst, meine kleinen Töchter, unsere Familien und Nachbarn sind entsetzt. Wir wissen nicht mehr, was wir tun sollen. Wir hoffen, dass Brigitte schnell wieder zu uns zurückkommt. Ich brauche sie so sehr. Und vor allen Dingen auch meine kleinen Töchter wünschen sich das so sehr.»

Reiser stockt. Seine Lippen beben. Er kann nicht mehr weitersprechen. Die Erinnerungen an seine mittlerweile seit mehreren Monaten spurlos verschwundene Frau lähmen seinen Redefluss. Erneut laufen ihm Tränen über die Wangen. Nach einer Weile fasst sich Reiser wieder, und jetzt sprudelt es regelrecht aus ihm heraus. «Am Sonntag, bevor meine Frau verschwunden ist, hatten wir eine Verabredung mit Bekannten zu einer Ausstellung. Ich hatte die Karten besorgt. Meine Frau hatte aber dann keine Lust, mitzugehen. Ich bin dann mit den Freunden gegangen, und die Kinder sind bei meiner Frau geblieben. Abends nach meiner Rückkehr haben wir nicht mehr viel miteinander gesprochen. Brigitte hat noch mit mehreren Leuten telefoniert, ihrer Mutter, der Oma und meiner Mutter, aber in den Gesprächen überhaupt nicht angedeutet, dass irgendetwas nicht in Ordnung sei.»

Reiser ist in seinem Mitteilungsdrang nicht mehr zu bremsen. Er will sich alles von der Seele reden.

«Es war einfach alles wie immer. Sie hat sich sogar für den nächsten Tag mit der Oma verabredet. Doch als ich am nächsten Morgen aufwachte, war die Seite neben mir im Bett leer. Ich habe zuerst gedacht, sie wär aufgestanden, um sich um die Kinder zu kümmern, aber die Mädchen lagen in ihren Betten und schliefen.»

Er fährt sich durch die Haare, stößt den Atem aus.

«Dann habe ich aus dem Fenster geguckt, ob sie vielleicht im Hof ist. Ich bin da noch gar nicht auf den Trichter gekommen, dass sie weggegangen ist. Dann kam langsam die Zeit, wo ich auf der Arbeit Bescheid sagen musste, dass ich mich weiter um die Kinder kümmern muss. Ich konnte sie ja nicht alleine in der Wohnung lassen. Habe also in der Firma angerufen und gesagt, dass ich später komme. Und dann habe ich meine Eltern angerufen und da nachgefragt, ob sie vielleicht was wüssten. Sie wussten aber nichts. Und dann fing die wahnsinnige Suche an. Ich habe sofort Unterstützung von meiner Familie bekommen und bin mit meinen Geschwistern alle Adressen abgefahren, wo wir uns jemals aufgehalten haben, wo wir gerne gewesen sind. Ich wusste ja, dass meine Frau krank war. Ich hatte lange Zeit versucht, sie zu überzeugen, zum Arzt zu gehen wegen ihrer Magersucht. Aber das hatte nicht gefruchtet.

Ich habe meine Frau mehr oder weniger gezwungen, zu ihrem Frauenarzt zu gehen, weil sie schon über sechs Monate ihre Regel nicht mehr hatte. Der Arzt hat ihr dann empfohlen, an Gewicht zuzunehmen, hat ihr auch Tabletten angeboten. Meine Frau hat aber ganz eindeutig gesagt, dass sie sich so, wie sie aussieht, sehr wohl fühle und auf gar keinen Fall zunehmen möchte. Da konnte der Arzt dann nichts mehr machen. Und zu einem anderen Arzt habe ich sie nicht hingekriegt.»

Reiser macht eine Pause, kommt dann wieder zurück auf den Tag des Verschwindens.

«Unser nächster Gedanke war: Vielleicht ist sie in einem

Hotel oder bei einem Nachbarn. Ich dachte, das Ganze ist eben nur eine Revanche für den Sonntag, weil ich mich da durchgesetzt hatte und doch zur Ausstellung gegangen bin. Dann haben wir angefangen zu telefonieren, haben in Frauenhäusern und Krankenhäusern angerufen. Und natürlich bei der Polizei, aber die haben gemeint, dass die da überhaupt noch nichts machen können.

Am zweiten Tag bin ich dann zur Polizei hingegangen. Das war ein ganz traumatisches Erlebnis. Ich habe der Beamtin erklärt, dass ich Angst um meine Frau habe. Ich habe darauf bestanden, dass eine Vermisstenanzeige aufgenommen wird und dass die Polizei anfängt zu suchen. Aber bei Erwachsenen ist das ganz was anderes als bei Kindern. Kinder werden offenbar sofort gesucht, Erwachsene können machen, was sie wollen. Jedenfalls hat die Beamtin schließlich ein Formular ausgefüllt, ich sollte es noch mal durchlesen und dann unterschreiben. Dann hat sie das Papier genommen und es auf einen Stapel gelegt, und damit durfte ich gehen. Das war alles, mehr lief da einfach nicht.»

«Und was haben Sie dann unternommen?», frage ich Reiser.

«Das hat mich so fertiggemacht, dass mir nur noch eine Stelle einfiel, wo ich in dem Moment hinlaufen konnte. Das war die Sozialbetreuung der Firma, wo ich arbeite. Ich konnte dort aber niemanden erreichen und war ganz verzweifelt. Da fragte mich ein Kollege: ‹Was ist denn los, was ist passiert?›

Und dann ist alles rausgesprudelt, und er hat meinen Chef angerufen, der dann auch sofort gekommen ist. Er hat mich zu sich nach Hause mitgenommen, mich aufgefordert, etwas zu essen. Mich gezwungen, mich hinzulegen, auszuspannen. Anschließend hat er mich zu meinen Eltern gefahren.

Ich war total geschockt. Ich wusste, dass meine Frau krank war, aber dass sie plötzlich verschwindet, damit habe ich einfach nicht gerechnet. Ich bin immer davon ausgegangen, dass sie irgendwann einfach nicht mehr kann und dann irgendwo heulend in der Ecke sitzt und ich sie dann endlich zu einem Arzt bringen kann. Dass sie einfach spurlos vom Erdboden verschwindet, einfach weg, das war so einfach nicht greifbar, das kann man nicht verstehen. Die Kinder haben sehr darunter gelitten, dass die Mama weg ist. Ich habe mich bemüht, dass sie es nicht so stark merken. Versucht, sie abzulenken. Habe sie in dem Garten meiner Eltern toben lassen. Die durften alles machen, was sie sonst nicht durften. Nur nachts war es schlimm, dann riefen sie nach Mama.

Marita hat schnell einen Kindergartenplatz erhalten. Lydia haben wir die erste Zeit nicht so richtig in den Griff gekriegt. Das war nicht so leicht. Sie haben wir die ersten Tage überwiegend bei meiner Mutter untergebracht. Dann haben sich meine Schwester und meine Schwägerin gekümmert. Ich habe von überall Hilfe angeboten bekommen, konnte aber fast nicht darauf eingehen. Ich wollte einfach immer selbst bei den Kindern sein. Später haben wir dann über das Jugendamt versucht, Pflegeeltern zu finden, um die Kinder einfach aus diesem Hin und Her und diesem Nervenkrieg rauszuholen, sie in feste Hände zu geben. Das Jugendamt konnte uns auch sofort Pflegeeltern nennen, aber bei denen hatte ich kein gutes Gefühl. Deshalb habe ich sie bei mir behalten. Ich habe natürlich sofort Urlaub genommen, bin durch die ganze Situation auch krank geworden. Mein

Hausarzt hat mich krankgeschrieben. Dadurch hatte ich mehr Zeit, mich um die Kinder zu kümmern.

Früher versorgte halt meine Frau zu hundert Prozent die Kinder, und jetzt musste ich das alles machen. Das war natürlich für die Kinder sehr irritierend. Mittlerweile hat Marita das begriffen. Lydia hat da schwer dran zu knabbern, obwohl man es ihr nicht ansieht. Sie schreit nachts im Schlaf.»

In den nächsten Wochen und Monaten werden von Fernsehsendern mehrere Interviews mit Reiser ausgestrahlt. Die Menschen nehmen Anteil am Schicksal des Vaters mit seinen kleinen Töchtern, die von der Ehefrau plötzlich verlassen wurden. Auch Zeitungen und Magazine berichten von diesem Vermisstenfall, und die Polizei hat weiterhin keine Spur.

Man kann im Fernsehen Reiser in einer Mappe mit Zeitungsausschnitten blättern sehen. Er erzählt dann in die Kamera, dass die Mappe immer dicker werde, während seine Hoffnung auf die Rückkehr seiner Frau immer mehr schwinde. Mit vorwurfsvoller Stimme erzählt er, dass er manchmal richtig wütend auf die Verschwundene sei, weil er nicht mehr wisse, was er seinen Töchtern erzählen soll. «Erst habe ich ihnen gesagt, dass die Mutter verreist sei. Dann sei sie im Urlaub erkrankt und käme später. Was soll ich tun?! Ich kann ihnen doch nicht sagen, dass Brigitte tot ist, wenn sie doch vielleicht morgen schon wieder vor der Tür steht!?»

Wenn Reiser allein ist, geht er manchmal in den Keller des Mehrfamilienhauses. Das hat er früher oft gemacht, doch seit Brigittes Verschwinden steigt er die Treppen nur noch selten hinab. Mehrmals bleibt er in dem modrigen

Gang zu seinem Kellerraum stehen, schnuppert und zieht die Nase hoch. Er lauscht und schließt eine Tür auf. Er knipst die Deckenbeleuchtung an und befindet sich nicht in einem gewöhnlichen Keller, sondern in seiner Hobbywerkstatt. Auf einem niedrigen Schrank stehen die Modelle von Segelschiffen und Flugzeugen, alle aus Streichhölzern gebastelt. Daneben steht eine große Pyramide aus penibel aufeinandergestapelten Streichholzschachteln. Unter der Decke dreht sich ein aus Streichhölzern gebauter Zeppelin. In einem Regal stehen Kleistertöpfe, daneben liegen Stichel, Schnitzmesser und Laubsägen. Ein überdimensional großes Plakat an der weiß gekalkten Wand zeigt Schloss Neuschwanstein im Gegenlicht. Mitten im Raum steht eine große Werkbank mit einem gemauerten Sockel und einer schweren Tischplatte aus Eichenholz und darauf ein bis auf die Türme fertiges, aus zahllosen Streichhölzern zusammengesetztes Modell von Schloss Neuschwanstein.

Dieser Raum ist Reisers Rückzugsort. Nur hier kann er wirklich entspannen, nur hier kann er noch frei atmen und ungestört seinen Gedanken nachhängen. Dann nimmt er Streichholzschachteln vom Stapel auf dem kleinen Schrank, schüttet den Inhalt auf die Werkbank, streicht Leim auf die Hölzer und nimmt Stichel und Pinzetten zu Hilfe, um sein Werk zu vollenden. Manchmal presst er die Faust der linken Hand gegen Stirn und Schläfen, so als leide er unter starken Kopfschmerzen. Immer wieder unterbricht er seine Arbeit, schnieft und schnüffelt in der Luft und zieht die Nase hoch, so als sei er chronisch erkältet.

Es vergeht ein Jahr, in dem Brigitte Reiser nicht gefunden wird. Vermutlich wäre die junge Frau weiterhin eine von jenen Langzeitvermissten geblieben, die nie wieder heimkehren und nach 30 Jahren aus der Vermisstendatei der Polizei gelöscht werden. Dann existieren diese Menschen offiziell nicht mehr. Doch der Zufall will es, dass das Verschwinden der 27-Jährigen doch noch aufgeklärt werden kann.

Am meisten fürchten die Angehörigen, dass die vermisste Person Opfer eines Verbrechens geworden sein könnte. Die Statistik zeigt zwar, dass das jährlich nur ein Prozent aller bei der Polizei registrierten Vermissten, also etwa 1000 Menschen, betrifft. Da aber gerade diese Fälle in den Medien präsent sind, dominieren sie das Bild, das die Öffentlichkeit von Vermisstenfällen hat. Und auch die Angehörigen lassen sich in ihrer Angst von diesen Horrorvorstellungen leiten.

Aus einem Vermisstenfall kann sehr schnell ein Mordfall werden, wenn die ermittelnden Polizeibeamten die Fakten richtig zusammensetzen. So meldete eine Frau in Österreich, dass ihr 70 Jahre alter Nachbar Heinrich Weinberger, ein pensionierter Schuhmachermeister, seit Wochen nicht mehr gesehen worden sei. Die Polizei ermittelte und berichtete zunächst: «Obwohl zunächst eine Urlaubsreise oder eine Krankheit des zurückgezogen lebenden Rentners anzunehmen war, wurde die Wohnung polizeilich geöffnet, aber nach kurzer Nachschau wieder geschlossen, zumal der Abgängige weder angetroffen noch sonstige bedenkliche Hinweise feststellbar waren.»

Erst bei intensiven Befragungen innerhalb des Bekanntenkreises erfährt die Polizei, dass der Vermisste über mehrere Sparkonten und vor allem über einige hundert Golddukaten verfügt. Um den Verbleib dieser Vermögenswerte festzustellen, wird eine zweite Hausdurchsuchung vorgenommen. Die Beamten entdecken dabei die Leiche von Heinrich Weinberger. Sie war in einem Plastiksack verschnürt in einem Wäschekasten versteckt. Wie sich herausstellte, war das Opfer von seinem homosexuellen Partner erschlagen und anschließend ausgeraubt worden.

«Beharrlichkeit und Genauigkeit sind kriminalistische Tugenden, die Ermittler und Vermisstensachbearbeiter gleichermaßen auszeichnen», schrieb ein Kripobeamter über die Aufklärung einer 16 Jahre alten Vermisstensache. «Nur – und das liegt in der Natur der Sache – sind schnelle Erfolge selbst damit nicht immer zu erreichen. Indes: Kommt Zeit, kommt Rat, zuweilen in Gestalt des Zufalls.»

Immer wieder werden Fälle auch noch nach vielen Jahren aufgeklärt. Da macht es Sinn, dass die Polizei so viel Arbeit in die Archivierung investiert: Die Vermisstensachbearbeiter der örtlichen Kriminalpolizei führen die kompletten Akten. In den Landeskriminalämtern ist jeweils eine Abteilung damit beschäftigt, die Akten mit den wichtigsten persönlichen Daten und Merkmalen zu pflegen und mit den Angaben unbekannter Toter abzugleichen. Im Bundeskriminalamt werden die bundesweiten und internationalen Vermisstenmeldungen bearbeitet.

Die Unterlagen von Vermisstenfällen werden 30 Jahre lang in den Archiven der Polizei aufbewahrt. So lange besteht nach Meinung der Gerichtsmediziner die Möglichkeit der Identifizierung von Leichen. Und die Akten verstauben nicht etwa in den Archiven, sondern werden immer wieder hervorgeholt und bearbeitet. Nicht, weil es unbedingt neue Erkenntnisse über einzelne Schicksale gibt, sondern vor allem, um die persönlichen Körpermerkmale der Vermissten mit denen von unbekannten Toten zu vergleichen.

Beim Bundeskriminalamt in Wiesbaden werden jedes Jahr rund einhundert unbekannte Tote registriert. Durch Presseveröffentlichungen, gezielte Nachfragen bei Angehörigen von Vermissten und eigene Aktenrecherche der Polizei können die meisten dieser Unbekannten innerhalb kurzer Zeit identifiziert werden. Die spezifischen Daten der anderen nicht identifizierbaren Toten werden per Computer erfasst und mit den persönlichen Merkmalen von vermissten Personen verglichen: Das genaue Zahnschema mit jeder Plombe, jedem ausgefallenen Zahn, jeder Krone oder Brücke und selbst Muttermale und auffällige Narben spielen dabei eine Rolle.

Für die Polizeiexperten sind Zähne fast so viel wert wie Fingerabdrücke. Das Zahnschema ist oft die einzige Möglichkeit bei der Identifizierung eines Skeletts. Denn Fingerabdrücke selbst gibt es ja häufig nicht mehr. Auch DNA-Untersuchungen helfen häufiger beim Abgleich der Identität unbekannter Toter mit vermissten Menschen. Durch den intensiven Vergleich der Fakten wurde zum Beispiel der Fall einer vermissten Studentin geklärt. Sie trampt von Frankfurt nach Hamburg, um ihre Eltern zu besuchen. Doch dort kommt sie nicht an, bleibt spurlos verschwunden, bis ein Pilzsammler in einem Waldstück eine stark verweste Leiche findet. Die Untersuchungen ergeben nicht nur, dass es sich um die vermisste Studentin handelt, sondern auch, dass sie getötet wurde. Aus einem Vermisstenfall wird ein Mord.

Genau so entwickelte sich auch ein Fall in Süddeutschland. Als ein 25-jähriger Verlagsangestellter nicht von der Arbeit nach Hause kommt, meldet ihn die Ehefrau als vermisst. Kurz darauf macht ein Angestellter eines Wasserwerks einen grausamen Fund: In einem Müllbeutel, der im Wasser treibt, befinden sich Leichenteile. Die Kripo ist nach intensiven Untersuchungen sicher: Es handelt sich unter anderem um den Unterleib des Vermissten.

Der Anruf eines Jägers bringt die Polizei sogar kurz darauf auf die Spur der mutmaßlichen Mörder. Das Opfer und seine Ehefrau lebten gemeinsam mit der Schwägerin und ihrem Mann in einem Haus. Immer wieder kam es zum Streit um das Vermögen, das die kurz zuvor verstorbene Großmutter hinterlassen hat. Der Jäger beobachtete, wie nahe der Fundstelle der Leichenteile ein Pärchen mit einem Ford vorfuhr und frühmorgens eine Grube aushob. Er notierte sich das Kennzeichen. Die Überprüfung ergibt, dass der Wagen der Schwägerin gehört. Das Ehepaar wird verhaftet und für den Mord zur Rechenschaft gezogen. Immer wieder sind es die Mörder selbst, die ihr Opfer als vermisst melden. Und nicht selten finden sich die Mörder in der Familie des Opfers.

Doch zurück zum Fall von Brigitte Reiser. Eines Tages ist auch Josef Reiser verschwunden. Dabei hatte er inzwischen sogar eine neue Lebenspartnerin, die bei ihm und den Zwillingen eingezogen war. Allerdings war die Dreizimmerwohnung auf Dauer für die neue Familie zu klein. Denn Reisers neue Freundin Angelika Wolfsgrebe brachte drei eigene Kinder mit in die Beziehung. Sie drängte den Partner umzuziehen. Lange wehrte er sich dagegen, denn er hatte ein dunkles Geheimnis.

Als der Umzug der Familie feststand, verschwand er plötzlich. Seiner Freundin hinterließ er einen Abschiedsbrief, der nicht nur sie, Freunde und Verwandte, sondern auch gestandene Polizisten schockierte. «Ich habe meine

Frau im Streit mit einem Nudelholz erschlagen», schrieb Reiser. «Meine Frau hat mich gepeinigt. Sie hat mich beschimpft, mich immer wieder als Schlappschwanz und Versager bezeichnet. Acht Wochen vor der Tat habe ich überlegt, ob ich mit den Kindern abhauen oder mich scheiden lassen soll. Es war die Hölle. Ich versuchte zur Ruhe zu kommen. Ich habe sie schließlich mit dem Nudelholz im Schlaf erschlagen, dann erdrosselt, in Plastik verpackt.»

Zum Schluss schrieb er an die neue Freundin: «Ich liebe dich. Vermache dir mein ganzes Vermögen. Der Fernseher ist noch nicht ganz bezahlt.»

An die Mutter wandte er sich ebenfalls in seinem Brief: «Du hast keine Schuld, dass alles so gekommen ist.»

Und an seine Kinder schrieb er: «Ich liebe euch beide; besser einen toten Vater als einen Vater im Gefängnis.»

Später, während der Gerichtsverhandlung gegen Josef Reiser wird ein psychiatrischer Gutachter feststellen, dass der Brief etwa 100 Schreib-, Tipp- und Zeichenfehler aufwies. Er bestand aus drei Teilen: 1. Persönliches an seine Freundin, seine Mutter und die Kinder. 2. Ein Geständnis, Hinweise zum Tathergang und Gründe für die Tat. 3. Eigene Gedanken.

Josef Reiser verschwand, um sich umzubringen. Er hatte keine Kraft mehr, um zu lügen, und schließlich gab es ja auch noch ein furchtbares Geheimnis aufzuklären – das Geheimnis seines Hobbykellers. Die Leiche seiner Frau hatte er nach der Tat luftdicht in Plastikplanen verpackt. Dann schleppte er sie in seinen Hobbykeller und legte sie dort in die Mitte des Raums. Drumherum mauerte er eine Werkbank, auf der er das Schloss Neuschwanstein aus Streichhölzern bastelte. Gegen eventuell austretenden Leichengeruch dichtete er die Werkbank auch noch mit Montageschaum ab.

Aber das war eben kein Grab für alle Ewigkeit. Zumal Reiser immer das Gefühl hatte, dass Geruch austrat – eine Wahnvorstellung, wie Gutachter später feststellten. Es war, als umgab ihn seit seiner Tat der Geruch des Todes. Deshalb schnüffelte er, wenn er in seinem Hobbykeller war.

Und Reiser war klar: Beim Umzug müsste er die Werkbank, unter der seine tote Frau begraben lag, abbauen, um einen besenreinen Keller zu hinterlassen. Wohin aber mit der Leiche? Reiser besaß nicht mehr die Nerven und die Kraft, die Leiche an einen anderen Ort zu transportieren. In seiner Verzweiflung flüchtete er nach Paris. Ausgerechnet im Kinderparadies Disneyland wollte er seinem Leben ein Ende setzen – doch das schaffte er nicht.

Die Polizei findet das Kellergrab von Brigitte Reiser und fahndet international nach ihrem Ehemann. Kurze Zeit später wird der Flüchtige von der französischen Polizei aufgespürt und nach Deutschland ausgeliefert.

In der Gerichtsverhandlung versucht der Verteidiger zu verhindern, dass Reiser wegen Mordes mit Vorsatz verurteilt wird. Stattdessen plädiert er für Totschlag im Affekt und somit für eine geringere Haftstrafe. Er argumentiert, dass sich Reiser in einer psychischen Notlage befand, als er den Abschiedsbrief an seine Freundin schrieb. Er plante schließlich seine Selbsttötung und formulierte den Brief ständig um, denn der sollte nicht der Wahrheitsfindung dienen, sondern der Freundin möglichst schonend die Gründe seines Verschwindens beibringen. Schließlich sei der Angeklagte so verwirrt gewesen, dass er sich für die Formulierung «im Schlaf getötet» entschied. Der Abschiedsbrief sollte es der Freundin leichter machen, ohne ihn weiterzuleben – damit er sich töten konnte.

Wie verzweifelt muss ein Mensch sein, wenn er mit großer Dringlichkeit um ein Interview bittet und mir vor laufender Kamera eine erfundene Geschichte über das Verschwinden seiner Frau erzählt? Aber vielleicht sind Mörder und Totschläger ja nicht die Starken, sondern doch die Schwächsten aller Menschen, die nicht nur um das Verwerfliche ihres Handelns wissen, sondern auch darunter leiden? Vielleicht müssen wir die Mörder dieser Welt mit ganz anderen Augen betrachten? Als schwache Menschen, die Hilfe und Heilung benötigen. Vielleicht müssen wir den Mördern und Totschlägern nur frühzeitig den Weg zu Psychologen und Psychotherapeuten ebnen, um ihre Taten zu verhindern.

Eine Szene vor Gericht stärkt diese Überlegungen. Reisers Freundin ist auch anwesend und verfolgt das Geschehen im Saal. Nach der Verhandlung geht sie zur Anklagebank und nimmt Reiser in die Arme. Er weint, und sie versucht ihn zu trösten. Minutenlang halten sich die beiden Menschen nur in den Armen. Dann nimmt sie sein Gesicht in ihre Hände und küsst ihn. Nach einiger Zeit sprechen sie leise miteinander, für kurze Momente lächeln sie sich sogar an.

Es wäre eine berührende Szene, wenn man außer Acht ließe, dass der Mann seine Ehefrau brutal getötet hat. Denn Reiser sieht nicht aus wie ein kühl berechnender Mörder. Er wirkt vielmehr unsicher, sehr sensibel und zerbrechlich. Reiser hat nach der Tatnacht Hilfe gesucht. Er beichtete seine Tat einem Priester. Das Gericht hätte gerne auch den Geistlichen als Zeugen angehört, aber obwohl der Angeklagte ihn von seiner Schweigepflicht entbindet, sagt er

149

nicht aus. Er bestätigt nur, dem Angeklagten die Beichte abgenommen und ein Gespräch geführt zu haben. Sein Bischof habe ihm aber die Aussageerlaubnis nicht gegeben.

Trotz des Schweigens des Pfarrers wird in der Gerichtsverhandlung viel über Josef Reisers Beziehung zu seiner Frau und das Leben der Familie bekannt. Nach der Geburt der Kinder zeigen sich erste Anzeichen einer Magersucht bei Brigitte Reiser. Kurz vor ihrem Tod wiegt sie gerade noch einmal 37 Kilo. Das Sexleben des Paares wird zunehmend schwierig. Sie vernachlässigt den Haushalt, die Kinder werden nicht versorgt. Später entwickelt sie eine Putzsucht, die psychotische Züge annimmt. Immer häufiger beschimpft Brigitte Reiser ihren Mann, zwei Jahre lang gibt es fast täglich Streit. Die Ehe wird zur Hölle.

So überlegt Josef Reiser schon Monate vor der Tat, wie er seine Ehe – auch mit Gewalt – beenden könnte. Er überlegt, es wie einen Unfall aussehen zu lassen, sie etwa beim Fensterputzen hinauszustoßen.

Am Abend der Tat kommt es dann zu einem extremen Streit. Reiser hat für die Familie gekocht und bittet seine Frau zu Tisch. Ihr bissiger Kommentar: «Solchen Fraß kann man nicht essen.»

Sie füttert trotzdem eine Tochter so lange, bis sich das Kind erbricht. Die Spannung zwischen den Eheleuten ist unerträglich – und Reiser beschließt, seine Frau zu töten. Er erschlägt sie in der Nacht mit einem Nudelholz. Dann nimmt er einen Gürtel und erwürgt die krampfende Frau. Aus Angst, sie könnte doch wieder aufstehen, bindet er ihr auch noch eine Plastiktüte fest um den Kopf. Als er sicher ist, dass sie tot ist, trägt er die Leiche in den Keller und reinigt anschließend sich und das Schlafzimmer.

Josef Reiser wird vom Gericht wegen heimtückischen Mordes aus niedrigen Beweggründen zu einer lebenslangen Haftstrafe verurteilt. Die Kinder kommen in einer Pflegefamilie unter. Seine Freundin Angelika Wolfsgrebe heiratet ihn im Gefängnis.

Entführung auf Ibiza

Eines Tages im Jahr 1991 erhalten Freunde und Bekannte der Familie Marbach Post. Auf gelblichem Büttenpapier ist das Porträt einer jungen Frau abgebildet. Darunter stehen in tiefschwarzer Schrift nur wenige, aber sehr bewegende Worte: «Wir erinnern an unsere innigst geliebte Sandra. Seit zehn Jahren gilt Sandra als vermisst. Von einem Urlaub auf Ibiza ist sie nicht mehr zurückgekehrt. Trotz größter Bemühungen konnte ihr Schicksal bis heute nicht aufgeklärt werden. Wir werden nie aufhören, nach Sandra zu suchen, und empfehlen sie in der Zwischenzeit der Fürsorge Gottes.»

Allen, die diese Karte erhalten haben, stockt beim Lesen der Worte der Atem. Jeder spürt die Verzweiflung, die aus diesen Worten schreit. Und jeder kennt das Schicksal, das dahinter steht, und hat Mitgefühl. Es ist die Geschichte der 19-jährigen Sandra, aber auch die von Helene Marbach, die es sich zur Lebensaufgabe gemacht hat, ihre Tochter wiederzufinden.

Die Gedenkkarte erhält eine umso größere Bedeutung, da es sich nicht nur um einen sehr ungewöhnlichen Vermisstenfall handelt, sondern darüber hinaus auch noch um eine Gewalttat, um die sich heute kein Polizist und kein Staatsanwalt mehr kümmert – obwohl Mord nach dem Gesetz nie verjährt.

Denn dieser Vermisstenfall entpuppt sich als Entführung

---

und ist vermutlich Mord. Und ausgerechnet diese Männer, Sandra Marbachs Entführer und mögliche Mörder, leben vermutlich auch heute, fast 40 Jahre nach dem unfassbaren Geschehen, noch immer unbehelligt mitten unter uns.

Die 19-jährige Sandra reist im August 1981 mit ihrer zwei Jahre älteren Freundin Judith nach Ibiza. Die beiden jungen Frauen aus einem kleinen Dorf im Harz genießen die Sonne und das Meer, bummeln und shoppen durch Ibiza-Stadt, plaudern und lachen miteinander. Während dieser sorglosen ersten Zeit auf der Insel ahnen die beiden nicht, dass sie seit ihrer Ankunft im Hotel beobachtet werden. Die Männer, die sie heimlich filmen, am Telefon mit dubiosen Geschäftspartnern über die neu angereisten Mädchen sprechen, tarnen sich perfekt.

Erst am Vorabend des letzten Urlaubstages gibt sich einer von ihnen im Restaurant Marisol zu erkennen: Der blonde, gutaussehende Ralph Pach, ein Deutscher, der schon seit Jahren auf Ibiza wohnt, schmeichelt sich bei den jungen Frauen ein. Er ist charmant und witzig und versteht es, sie zu umgarnen. Judith ist von dem athletischen 35-Jährigen angetan, aber der hat nur Augen für die jüngere Sandra. Die drei rücken näher zusammen, reden und lachen miteinander, ziehen von einer Kneipe in die nächste. Irgendwann am Abend trinkt Sandra einen Kakao mit Rum. Dann wird ihr übel, sie kann kaum noch gehen, alles dreht sich.

Ralphs Motoryacht *Gitarre* ankert im nahen Hafen. Pach schlägt Sandra vor, sich in einer Koje auszuruhen, während er Judith die Stadt bei Nacht zeigt. In ein paar Stunden wollen sie wiederkommen, um Sandra abzuholen. Judith hat nichts dagegen, den Rest des Abends allein mit dem sympathischen Mann zu verbringen. Und Sandra hat keine andere Wahl, als einzuwilligen. Sie fühlt sich kraftlos, ihr ist schlecht, und ihr fallen schon die Augen zu.

Die nächsten Stunden ziehen Ralph und Judith durch die Stadt. Während die ahnungslose Judith den Abend genießt, wird Sandra das Opfer eines perfekt organisierten Verbrechens. Spät in der Nacht bringt Ralph Judith zum Hotel, verabschiedet sich von ihr. Er hat vorgeschlagen, Sandra später mit dem Wagen von seiner Yacht abzuholen und ins Hotel zu bringen. Judith ist sehr müde und nimmt dieses Angebot gerne an. Sie wartet noch eine Zeitlang im Hotelzimmer auf die Freundin. Doch sie kommt nicht. Sie kommt nie mehr.

Am nächsten Tag fliegt Judith ohne ihre Freundin zurück nach Deutschland. Sie hat noch überlegt, den Urlaub zu verlängern und Sandra zu suchen, doch dann beschließt sie, nach Deutschland heimzukehren. Sie ist mit der Situation überfordert.

Helene Marbach wartet am Flughafen, um ihre Tochter abzuholen. Doch nur Judith kommt ihr entgegen. Für die 40-jährige Mutter bricht die Welt zusammen, als sie hört, was geschehen ist. Entsetzt fragt Helene Judith, warum sie nicht wenigstens in Ibiza zur Polizei gegangen und die Freundin als vermisst gemeldet hat. Judith gesteht unter Tränen, dass sie einfach nicht wusste, was sie tun sollte. Sie sei mit der Situation völlig überfordert gewesen. Nachdem sie Judith nach Hause gebracht hat, packt Helene sofort ihre Koffer und fliegt nach Ibiza. Sie muss ihr Kind finden.

Auf Ibiza gibt sie als Erstes bei der Polizei eine Vermisstenanzeige auf. Danach meldet sie sich beim deutschen Konsulat. Die Mutter erklärt dem Konsul, dass sie Ibiza nicht eher verlassen wird, bis sie ihre Tochter gefunden hat. Der Konsul rät ihr, die Polizei ihre Arbeit tun zu lassen. Doch davon will die Mutter nichts hören. Die Sorge um Sandra treibt sie an den Rand der Verzweiflung. Sie will unbedingt mithelfen, Sandra zu finden. Niemals könnte sie tatenlos in ihrem Haus in Deutschland herumsitzen und darauf warten, dass das Telefon klingelt.

Der Konsul hat Verständnis für die besorgte Mutter, rät ihr aber davon ab, ohne professionelle Hilfe nach ihrer Tochter zu suchen. Das sei zu gefährlich. Er fährt mit ihr erneut zur Polizei, um den Stand der Ermittlungen zu erfragen. Ein Polizist versucht Helene Marbach zu beruhigen: «Ihre Tochter ist nicht das erste Mädchen, das ihren Aufenthalt wegen eines Flirts mit einem Mann verlängert hat. Es besteht durchaus die Möglichkeit, dass Sandra bald wieder auftaucht.»

Helene reagiert wütend. Sie verbietet ihm, so über Sandra zu sprechen, und fordert ihn auf, die Ermittlungen mit aller Kraft voranzutreiben. Der Konsul schlichtet den Streit und fährt Helene ins Hotel. Er verabschiedet sich mit der Versicherung, ihr sofort Bescheid zu geben, falls sich etwas Neues ergibt.

Bei der Durchsuchung des Hotelzimmers findet die Mutter die gesamte persönliche Habe der Tochter – Reisegepäck, Flugticket, Reisepass, Bargeld und Schecks. Für sie ist das ein klarer Hinweis, dass Sandra etwas passiert sein muss, dass sie von Pachs Motoryacht entführt wurde.

Helene hatte ein so gutes Verhältnis zu ihrer Tochter, sie weiß, dass Sandra nie ohne ein Wort des Abschieds verschwunden wäre.

«Sandra konnte tun und lassen, was sie wollte. Wenn

155

sie ihr Leben hätte ändern wollen, hätte sie das machen können. Mit oder ohne meine Zustimmung. Dafür muss sie nicht untertauchen», sagt Helene Marbach der Polizei. «Weder aus familiärer noch aus beruflicher Sicht gibt es eine Erklärung für das Verschwinden meiner Tochter. Sie arbeitete als Industriekauffrau im Betrieb des Vaters. Hatte alle Freiheiten, die sie sich wünschte.»

Doch lange Zeit gibt es keine neuen Erkenntnisse. Nach ein paar Wochen erfolgloser Suche auf der Ferieninsel fliegt Helene wieder zurück nach Deutschland. Die Suche nach Sandra wird zu ihrer Lebensaufgabe. Sie investiert ihr Vermögen in die Suche und all ihre Energie. Sie recherchiert immer wieder auf Ibiza, beschäftigt Rechtsanwälte und Detektive, wendet sich an die deutsche und die spanische Regierung. Sie schreibt dem Petitionsausschuss des Deutschen Bundestages und wendet sich an Mitglieder im Europäischen Parlament. Doch Unterstützung gibt es von der Politik so gut wie nicht.

Was sich auf Ralph Pachs Motoryacht zugetragen hat, kann bis heute niemand genau sagen. Fest steht: Judith hat Sandra zusammen mit Pach auf das Schiff begleitet. Zeugen haben – so die Ermittlungen der spanischen Polizei – das Mädchen am nächsten Tag auf Deck gesehen, völlig apathisch und vollständig bekleidet in der Sonne liegend. Dies ist das letzte Lebenszeichen der Deutschen.

Nicht zu wissen, was mit einem geliebten Menschen passiert sein könnte, ist schon schlimm. Aber Hinweise darauf zu erhalten, dass die Tochter entführt und vielleicht sogar Opfer von Mädchenhändlern geworden ist, bedeutet für die Angehörigen die Hölle. Helene Marbach recherchiert auf eigene Faust auf Ibiza weiter. Sie erfährt schon bald, dass immer wieder junge Mädchen und Frauen auf der beliebten Urlaubsinsel spurlos verschwinden. Dass diese Vermissten alle nur ihren Urlaubslieben in eine unbekannte Zukunft gefolgt sind, glaubt sie nicht.

Helene verfügt über eine ungeheure Energie, wenn es um ihre Tochter geht. Sie versucht, Sandras Reiseverlauf bis zu ihrem Verschwinden zu rekonstruieren. Sie verteilt Fotos ihrer Tochter und sucht die Krankenhäuser auf. Regelmäßig geht sie auch zur Polizei und fordert von den Beamten Rechenschaft über deren Aktivitäten.

Die Recherchen sind für Helene Marbach nicht ungefährlich. Ihre Nachforschungen bringen Unruhe in das Mädchenhändler-Milieu auf Ibiza. Am Telefon wird ihr gedroht: «Wir bringen dich um.»

Ein anderes Mal ruft ein Mann an und warnt die Mutter: «Wenn du noch einmal auf die Insel kommst, wirst du umgelegt. Lass das jetzt endgültig sein, hör auf, deine Tochter zu suchen.»

Es bleibt nicht bei Drohungen. Kurz darauf versuchen zwei Männer Helene Marbach und einen Begleiter zu ermorden. Die Täter rasen mit ihrem Wagen auf die beiden zu. Sie überleben nur, weil sie im letzten Moment hinter eine Litfaßsäule springen können.

Aber Helene gibt nicht auf. Verbissen und mit der Kraft, die nur eine Mutter für ihr Kind aufbringen kann, sucht sie weiter in der Unterwelt. Sie bezahlt Dunkelmänner für Informationen, oft wird sie betrogen. «Ratten» nennt Helene Marbach diese Trittbrettfahrer. Sie kauft einem niederländischen Zuhälter ein Video ab, das Sandra im Bikini am Strand zeigt. Die Entführer der jungen Deutschen haben den Film wenige Tage vor ihrem Verschwinden gemacht.

Offensichtlich wurde die Entführung der 19-Jährigen auf Basis des Videomaterials bestellt.

Die mutmaßlichen Täter scheuen auch nicht davor zurück, die Mutter zu erpressen. Ein Unbekannter ruft bei Helene Marbach an und versichert ihr, die Tochter würde im arabischen Bahrain leben und in einer Parfümerie arbeiten. Sie sei einer Gehirnwäsche unterzogen worden und könne sich an ihr bisheriges Leben nicht mehr erinnern. Helene Marbach soll einen Kontaktmann am Münchner Flughafen treffen: «Bringen Sie 40 000 Dollar mit. Zahlen Sie die zwei Flüge nach Bahrain. Dort bekommen Sie Sandra wieder.»

Die deutsche Polizei überprüft die Angaben und rät der Mutter: «Fliegen Sie nicht! Das ist eine Falle. Man will Sie umbringen.» Helene lässt es bleiben.

In den Monaten und Jahren nach Sandras Verschwinden ermitteln verschiedene deutsche und spanische Polizeibehörden. Mehrmals wird auch Ralph Pach festgenommen, verhört und wieder freigelassen. Zwischenzeitlich soll er sogar wegen Entführung angeklagt werden. Doch auf der Urlauberinsel ist Korruption bei Polizei und Justiz weit verbreitet. Bis heute fand keine Gerichtsverhandlung statt. Inzwischen lebt der gelernte Bootsbauer Ralph Pach angeblich in Italien.

Die Recherchen der Mutter, die immer wieder nach Ibiza reist, um die Aufklärung des Verbrechens voranzutreiben, aber auch Nachforschungen von Reportern und die Ermittlungen der Polizei führen in ein undurchsichtiges Zuhälter- und Mädchenhändler-Milieu. Eduard Zimmermann will den Fall in «Aktenzeichen XY» aufgreifen, erhält von den spanischen Behörden jedoch keine Drehgenehmigung.

Bei den polizeilichen Ermittlungen gerät Pach immer wieder ins Visier der Beamten. Offiziell verdient sich der 35-Jährige zum Zeitpunkt des Geschehens seinen Lebensunterhalt auf Ibiza mit der Reparatur von Motorbooten. Inoffiziell gehört er zu einem Milieu, in dem die Männer Namen haben wie «Russen-Mischa» oder «Gino Gigolo». Bevorzugter Treffpunkt ist ein Strand, der seinen Namen durch die wertvollen Uhren bekommen hat, die dort getragen werden: Rolex Beach. Diese Uhren sind auch das Zunftzeichen der jungen, attraktiven Prostituierten aus Deutschland, die an diesem Strand ihren Urlaub verbringen.

Auf Ralph Pachs Motoryacht wurde die Vermisste zuletzt gesehen. Hier muss die Entführung oder der Mord passiert sein. Doch gleich zu Beginn macht die spanische Polizei ihren größten Fehler: Sie verzichtet darauf, das Schiff von Kriminaltechnikern untersuchen zu lassen. Möglicherweise hätte man sonst Spuren einer Gewalttat gefunden.

Bei seiner ersten Vernehmung kurz nach Sandras Verschwinden verstrickt sich Ralph Pach immer wieder in Widersprüche. Er behauptet, nicht zu wissen, was mit Sandra geschehen sei. Er habe nur Gerüchte gehört. Sie sei von seiner Yacht auf ein anderes Schiff entführt und in ein Bordell nach Afrika verschleppt worden. Ein anderer, ihm unbekannter Hinweisgeber behaupte, er hätte gesehen, wie Sandra bei der Übergabe auf hoher See von einem Schiff auf das andere über Bord gefallen und ertrunken sei.

Pach gibt bei den Vernehmungen zu, dass er sehr an Sandra interessiert gewesen sei. Er bestätigt auch, dass sich die 19-Jährige am Abend ihres Verschwindens auf seiner Yacht erholt habe, weil ihr nach einem Club-Besuch schlecht geworden sei. Am nächsten Morgen, das schwört er, sei sie noch an Bord gewesen. Sie hätte es aber plötzlich sehr eilig gehabt. Wenige Stunden später will er sie dann noch einmal «in einem protzigen amerikanischen Schlitten» gesehen haben, der an der Strandpromenade vorbeifuhr.

Ralph Pach spielt den Harmlosen. Die meisten Mädchen, meint er, würden leider auf die falschen Typen abfahren und sich blenden lassen. Schade, dabei sei Sandra so ein hübsches Mädchen gewesen, verdammt sexy, und er hätte es ganz gewiss ernst gemeint mit ihr.

Die Dimension der kriminellen Aktivitäten rund um das Verschwinden von Sandra zeigt sich jedoch in aller Klarheit, als sich ein Ehepaar aus Norddeutschland bei Helene meldet. Die beiden Deutschen sind während eines Urlaubs auf dem spanischen Festland in der Touristenhochburg Benidorm überfallen worden. In einem Zeitungsbericht über das Verschwinden von Sandra, in dem auch Ralph Pachs Foto veröffentlicht wurde, erkennen sie Pach als einen der Mittäter wieder.

Das Ehepaar besuchte in Benidorm eine Discothek. Nach einem Drink wurde dem Ehemann zuerst schlecht, später wurde er sogar vorübergehend ohnmächtig. Vermutlich war das Getränk mit K.-o.-Tropfen versetzt. Die Ehefrau wurde von mehreren Männern entführt und auf ein Schiff verschleppt. Hier erfuhr sie, dass sie noch in der Nacht nach Marokko transportiert werden sollte. Doch das Schiff, das sie abholen sollte, kam nicht. Dafür erschien am Morgen ein Deutscher, der sich für das schlechte Benehmen seiner Besatzung entschuldigte und anbot, sie zu ihrem Ehemann zurückzubringen. Die Frau begleitete den Mann, der sie dann aber in einem Hotelzimmer vergewaltigte und anschließend verschwand.

Ralph Pach wird in Alicante festgenommen. Kriminalbeamte der deutschen Polizei fliegen nach Spanien, um ihn zu verhören, denn inzwischen ermittelt man auch in Deutschland gegen ihn. Pach liefert bei seiner Vernehmung erneut eine Auswahl von Spekulationen über das Verschwinden von Sandra. Mehr sagt Pach der Polizei nicht. Für eine Untersuchungshaft reichen die Indizien nicht. Nach den Verhören taucht Ralph Pach unter. Er befand sich später zwar noch einmal wegen eines anderen Delikts in Deutschland in Haft, doch da die Kommunikation zwischen den deutschen Behörden nicht funktionierte, erhielten die Ermittler im Fall Sandra keinen Hinweis auf seine Anwesenheit in Deutschland.

Auch die Zusammenarbeit zwischen den deutschen und spanischen Polizeibehörden funktionierte nicht richtig. So wurden zum Beispiel erst 1997, mehr als zehn Jahre nachdem die Spanier den Fall als abgeschlossen betrachteten, Aktenauszüge an die deutschen Ermittler geschickt. Bis heute hat die Polizei in Deutschland nicht alle Akten der spanischen Behörden einsehen können. Die spanische Polizei blockierte die Herausgabe. Zeitweise waren die Akten dort nicht mehr auffindbar. Helene Marbach fand einen Teil der Unterlagen später auf einem Aktenberg in einem feuchten Gerichtskeller auf Ibiza.

Auf ihr Drängen hin beschäftigte sich ein Europaabgeordneter und Rechtsanwalt mit dem Fall und stellte fest: «Es bestehen zwar mit Sicherheit erhebliche Verdachtsmomente gegen die mutmaßlichen Täter. Aber im Hinblick auf die Tatsache, dass alle wiederholt gelogen haben und objektiv zulässige Beweismittel nicht zur Verfügung stehen, kann nicht festgestellt werden, wer wirklich als Täter in Frage kommt.»

Der Abgeordnete ist sich nach seinen Recherchen sicher, dass Sandra einem Verbrechen zum Opfer gefallen ist. Er erhoffte sich, durch den Einblick in die spanischen Akten mehr zu erfahren und das Dunkel des damaligen Ermittlungsstandes ein wenig zu erhellen. Doch die spanischen Behörden verweigerten auch ihm vollumfänglichen Einblick.

Nach deutschem Recht verjährt Mord nicht, und die Akte darf nie geschlossen werden. Für die vermisste Sandra Marbach gilt das nicht. Niemand ermittelt mehr, niemand kümmert sich darum, die fehlenden Akten zu beschaffen. Sandras Freundin Judith hat den Kontakt zu Helene Marbach abgebrochen. Sandras Mutter lebt heute unter anderem Namen. Sie ist zu Recht der Auffassung, selbst alles Menschenmögliche getan zu haben, um das Schicksal ihrer Tochter aufzuklären. Für die spanischen und deutschen Behörden gilt das nicht.

Unter Mordverdacht

Ruth Lemmer ist verzweifelt. Mit jeder Stunde wird ihr mehr bewusst, dass ihr Freund verschwunden ist. Der Gedanke zerreißt ihre Seele in tausend Stücke. Sie sitzt am Tisch in ihrer grau gefliesten Küche. In solchen Stunden der Trauer um einen vermissten Menschen fühlt sich der Mensch – gleich an welchem Ort er ist – wie in einem schallisolierten Raum. Da ist nur Einsamkeit und Verzweiflung.

Am Sonntagnachmittag hat sich Gerd Bäumer, der Freund der 38-Jährigen, mit kargen Worten verabschiedet: «Ich fahr noch mal in die Stadt.»

24 Stunden später, nach einer Nacht voller düsterer Gedanken über die möglichen Gründe des Fernbleibens des Freundes – Trifft er eine andere? Hatte er einen Unfall? Wurde er überfallen? – sitzt Ruth auf der Polizeiwache. Der freundliche Beamte registriert die Vermisstenmeldung, speichert die Daten in der Fahndungsdatei Inpol und schickt Ruth nach Hause.

Seit zehn Jahren lebt sie mit ihrem Freund zusammen. Er ist erfolgreich im Beruf, coacht junge Manager. Ruth hält ihm den Rücken frei. Sie macht den Haushalt, hilft ihm im Büro, wo sie kann. Ein erfolgreiches Paar. Ihr neues Haus ist eindrucksvoll, in der Garage stehen zwei Autos, und der Garten ist so gewaltig, dass sie einen Gärtner beschäftigen müssen. Geldsorgen hat das Paar nicht.

Der Besuch auf der Polizeiwache hat Ruth verwirrt. Es kommt ihr vor, als wäre sie aus einer Traumwelt gerissen worden. Kaum ist sie wieder zu Hause, macht sie sich auf Spurensuche. Sie durchforstet jeden Raum des Hauses. Dreht im Schlafzimmer jedes Kleidungsstück um und schlägt in Gerds Büro jeden Aktendeckel auf. Sie arbeitet sich wie der Bohrer in einem Bergwerk durch die Schränke im Haus. Sie findet wenig – und doch verrät ihr das Gefundene viel über den Freund. Da sind leere Packungen für Potenzpillen, von denen sie nichts wusste. Und ein Passwort für ein Erotikportal im Internet. Es liegt in der Schublade seines Schreibtischs, versteckt in einem Zigarettenetui. Als sie sich einloggt, realisiert sie, dass es sich um eine Seite für homosexuelle Männer handelt, die sich in Chatrooms austauschen und sich verabreden.

Ruths Leben zerfällt vor ihren Augen. Sie erkennt: Sie hat ihren Freund nicht vor wenigen Stunden, sondern schon vor langer Zeit verloren. Sie fühlt sich wie in eine Welt aus Watte geworfen, in der sie mit hilflos rudernden Armen versucht Halt zu finden. Hinter der bürgerlichen Fassade ihrer Beziehung öffnet sich in diesen Stunden für Ruth die Tür zu einer dunklen, verborgenen Welt. Bisher war ihre Welt gut und schön und ihr Leben so geordnet wie die Blumenbeete vor der Haustür und die Werkzeuge in der Garage. Sie kann sich nicht vorstellen, dass ihr Lebensgefährte seinen Job und das Haus und sie selbst für einen fremden Mann aufgegeben und mit ihm in eine neue Zukunft geflüchtet sein könnte.

Sie kennt Gerd doch! Oder nicht?!

Ihre innere Stimme wehrt sich: Ich weiß doch, dass Gerd den Luxus und vor allem seine schnellen Autos liebt. Dass er den beruflichen Erfolg braucht. Das würde er doch nicht freiwillig aufgeben?!

Ruth telefoniert mit Freunden und Bekannten: Habt ihr Gerd gesehen? War er in den letzten Tagen bei euch? Hat er mal gesagt, dass er mit seinem Leben unzufrieden ist und abhauen will?

Sie glaubt nicht, dass er sich ohne ein Wort des Abschieds heimlich davongestohlen hat. Dass er, ohne eine Spur zu hinterlassen, in ein neues Leben mit einem neuen Partner gewechselt ist. Sie glaubt nicht, dass Gerd sie verraten hat.

Sie fragt in den Krankenhäusern der Umgebung nach, sie telefoniert mit Hotels, in denen sie öfters untergekommen sind. Der 42-Jährige ist ja oft spontan, liebt das Reisen, bricht gerne mit Gewohnheiten. Ruth spricht mit Freunden und Urlaubsbekanntschaften. Ein Ehepaar äußert vorsichtig den Verdacht, dass Gerd schwul sein könnte. Der Ehemann berichtet, er habe ihn im letzten Urlaub am Strand von Capri oft mit fremden Männern gesehen. Das passt natürlich zu Gerds Internetaktivitäten. Und Ruth erinnert sich: Als er damals aus dem Urlaub heimkehrte, war er sehr verändert. Keine Zärtlichkeiten, kein Sex. In den ersten Tagen nach seiner Heimkehr gab es nur flüchtige Umarmungen. Warum ist ihr das nicht früher aufgefallen?

Wenn ein Mensch verschwindet, werden die Angehörigen daheim verletzlich wie Schmetterlinge. Ruth fühlt sich schuldig. Warum hat sie nicht bemerkt, dass sich ihr Freund von ihr abgewendet hat?

Das Wissen um die möglichen homosexuellen Beziehungen ihres Freundes verändern natürlich den Blickwinkel auf das bisherige gemeinsame Leben. Wann waren da Gefühle, wann war es Routine? Was war Show zwischen ihnen, was war echt? Wo und wann wurde sie betrogen? Die neuen Erkenntnisse und diese Ungewissheit um das Schicksal von Gerd zerreißen Ruths Seele. Sie weiß nicht mehr, was sie tun, wem sie vertrauen kann.

Ruth wendet sich schließlich an mich. Sie vertraut mir, öffnet sich mir. Ich kann ihr einige Tipps geben. Wie man ein Suchplakat herstellt. Wie man sich an die Medien wendet. Ich rate ihr auch, eine Abwesenheitspflegschaft beim Amtsgericht zu beantragen. Dann kümmert sich entweder ein vom Gericht beauftragter Rechtsanwalt oder ein vom Gericht bestimmter Verwandter um die Abwicklung der wirtschaftlichen und persönlichen Belange des Vermissten.

Auch empfehle ich Ruth, sich einen Anwalt zu nehmen, der sie in finanziellen Belangen berät. Ruth hat ja kein eigenes Einkommen. Sie muss sich auf eine neue, eigene Existenz ohne ihren Freund vorbereiten, auch wenn es ihr schwerfällt, sich das vorzustellen.

Ruth funktioniert trotz allem. Sie lebt und handelt wie in Trance. Sie geht zum Amtsgericht, und ein Rechtsanwalt wird als Abwesenheitspfleger berufen. Die Bank hat die überzogenen Konten des Freundes eingefroren. Mit Gerd ist auch das Bargeld, 5000 Euro, aus der Villa verschwunden. Unterstützung vom Sozialamt erhält sie nicht, weil sie noch einen eigenen, drei Jahre alten Wagen besitzt. Den soll sie verkaufen, um die laufenden Kosten für ihren Unterhalt zu decken.

Ein halbes Jahr nach Gerds Verschwinden erhält Ruth Besuch von Bernd Torweg. Der 48-jährige Kriminalhauptkommissar informiert sie über den aktuellen Stand der Suche nach ihrem Freund. Die Polizei hat Gerd Bäumer nicht nur in die Fahndungsdatei aufgenommen, sondern auch die Medien einbezogen. Immerhin ist nicht nur er verschwunden, sondern mit ihm auch sein Lieblingsauto. Autos verschwinden nicht so spurlos wie Menschen. Man kann sie nicht einfach irgendwo in einem Wald vergraben. Man muss sie schon in einer Werkstatt zerlegen oder in eine Schrottpresse bringen. Bei solchen Aktionen gibt es oft Zeugen. Und die öffentliche Suche der Polizei hat tatsächlich Erfolg. Zeugen melden sich, die das Auto, aber auch den Vermissten gesehen haben wollen.

«Jetzt können wir endlich arbeiten», sagt der Polizeibeamte zu Ruth.

Ruth trösten die Worte des Kriminalbeamten, verunsichern sie aber auch. Gerd lebt, so hofft sie. Aber warum nur ist er verschwunden? Und zu den Sorgen um den noch immer geliebten Menschen kommen mehr und mehr reine Existenzfragen. Für ihre zehn Jahre lange Tätigkeit für den Freund kann sie rückwirkend keinen finanziellen Ausgleich aus dem Vermögen des Vermissten erwarten. Ruth kann nicht einmal mehr ihre Krankenkassenbeiträge bezahlen. Sie verkauft ihren einzigen Besitz, den Kleinwagen. Freunde und Verwandte bringen ihr Lebensmittel. Leben auf Sparflamme nach einem Leben im Hotspot des Wohlstands.

Stück für Stück bricht die bürgerliche Existenz von Ruth auseinander. Bald schreitet sie nicht mehr durch den Salon ihrer Villa, sondern vorbei an zerbeulten und zerkratzten Briefkästen in ihre neue Sozialwohnung. Denn die Villa wurde versteigert, um Gerds Schulden zu bezahlen. Zu ihrem Entsetzen erfährt sie, dass ihr Freund jahrelang auf Pump gelebt hat. Er hinterlässt fast eine Million Euro Schulden beim Finanzamt und anderen Gläubigern. Ruth

167

ahnt, dass ihren Freund vermutlich weniger die Sehnsucht nach einem Leben mit einem Mann als Geldnöte geplagt haben. Wer kann schon ruhig in seinem Mercedes sitzen, wenn die Welt um einen herum zusammenbricht?

Doch bald schöpft Ruth neue Hoffnung. Sie findet eine Arbeitsstelle als Putzfrau, verdient endlich eigenes Geld, ist nicht länger auf Unterstützung von anderen Menschen angewiesen. Bekannte und Freunde raten ihr, sich wieder ein eigenes Leben aufzubauen, sich von der Vergangenheit zu lösen, in die Zukunft zu blicken. Ein neues Leben zu wagen.

Dann erlebt Ruth wieder einen Rückschlag. Sie hat einige Möbel, die sie gemeinsam mit Gerd gekauft hat, aus der Villa in ihre Sozialwohnung mitgenommen. Der Abwesenheitspfleger, dessen Beistand sie selbst beim Amtsgericht beantragt hat, erstattet deswegen Anzeige wegen Diebstahl gegen sie. Auch ermittelt inzwischen die Polizei mit einer Sonderkommission gegen sie und ihren neuen Partner. Sie kennt Jürgen Schneider schon viele Jahre, ein Jugendfreund. Als Ruth in die Armut abstürzte, war er für sie da. Er half ihr beim Umzug, träumte mit ihr von besseren Zeiten.

Doch ein Jahr nach dem Verschwinden von Gerd Bäumer steht auch der 40-jährige Schneider plötzlich unter Verdacht. Die Kriminalbeamten ziehen in Betracht, dass Ruth und ihr Jürgen den Vermissten getötet und dessen Leiche irgendwo beseitigt haben könnten. Bernd Torweg und seine Kollegen ermitteln, dass sich Ruth mit Schneider vor dem Verschwinden von Gerd öfter getroffen hat.

Ruth wird von der Polizei vorgeladen. Drei Stunden Verhör ohne Anwalt. Nach diesem Frage- und Antwort-Ritual in einem kargen, einer Gefängniszelle ähnlichen Behörden-raum fühlt sich die junge Frau wie nach einem unfairen Boxkampf zwischen Leicht- und Schwergewicht.

Zum zweiten Verhör nimmt Ruth ihren Rechtsanwalt mit. Die Polizisten stochern im Leben von Ruth und Gerd. Sie haben keine echten Hinweise, nur den Mordverdacht. Und der genügt, schließlich Jürgen Schneider zu verhaf-ten, der inzwischen bei Ruth eingezogen ist. Hausdurch-suchung. Verhöre. Freunde und Verwandte werden befragt.

Doch echte Beweise für die Tat fehlen weiterhin. Ver-dächtigungen allein genügen einem Haftrichter nicht. Ruth und Jürgen dürfen nach Hause gehen. Grundsätzlich ist es ja gut, dass die Polizei Fragen stellt und auch im häuslichen Umfeld des Vermissten ermittelt. Doch diese Polizeiroutine kann für unschuldige Menschen verheerende Konsequen-zen haben. Das Paar befürchtet, dass der Vermieter von den Verdächtigungen erfährt und ihnen die Wohnung kündigt. Sie haben auch Angst, ihre Arbeitsstellen zu verlieren – wer will schon potenzielle Mörder beschäftigen?

Zwei Jahre nach dem Verschwinden von Gerd Bäumer wird Ruth und Jürgen dann doch noch der Prozess ge-macht. Tatvorwurf: Totschlag und Strafvereitlung. Die jun-ge Frau soll die Polizei durch eine Vermisstenanzeige auf eine falsche Spur gelockt haben. Der Staatsanwalt wirft beiden außerdem vor, Möbel aus dem Haus des Vermissten gestohlen zu haben.

Nach zwanzig Verhandlungstagen endet der Prozess. Ruth und ihr Freund werden freigesprochen. Die Beweise reichen dem Richter nicht. Sogar der Staatsanwalt plädiert am Ende für Freispruch.

Danach gibt Ruth auf. Sie will die letzten 15 Jahre aus

ihrem Leben streichen. Die Erinnerungen an Gerd, die Nachforschungen der Polizei, die Schlagzeilen der Medien, die argwöhnischen Blicke der Nachbarn und die Fragen von Freunden und Bekannten. Sie zieht mit Jürgen weit weg und begibt sich in Therapie. Sie ist ja noch jung genug für ein Leben danach. Gerd Bäumer ist nicht wieder aufgetaucht.

Das Leben als Folterkeller

Das Schicksal der Ramona Darbusch gehört zu den besonders aufwühlenden Vermisstenfällen in der deutschen Kriminalgeschichte. Ramona ist 16 Jahre alt, als sie spurlos verschwindet. Über Bekannte hat sie den Millionär Rainer Hartlieb kennengelernt. Er besitzt ein Unternehmen für Kinderspielzeug. Ramona, die gerade ihren Hauptschulabschluss gemacht hat, wird von ihm als Hausmädchen angestellt. Doch schon am ersten Arbeitstag fällt der 46-Jährige in seiner Villa über sie her.

Er kennt keine Hemmungen. Er ist einen Kopf größer als Ramona und bedeutend schwerer. Er zieht das Mädchen auf seinen Schoß, presst sie auf seinen Unterleib und begrapscht sie am ganzen Körper. Verzweifelt wehrt sich das junge Mädchen, doch gegen die ungestüme Kraft des Mannes ist sie hilflos. Er fasst ihr zwischen die Beine, unter den Rock, zerreißt ihre Bluse. Als sie sich weiterhin wehrt, gibt er dem Mädchen ein paar Ohrfeigen, wirft sich den zappelnden Körper über die Schulter und schleppt ihn in den Keller.

Hier haben Rainer Hartlieb und seine Frau Elvira ein Verlies eingerichtet. Es befindet sich genau unter dem Swimmingpool. An den Wänden ist der Kerker mit Eisenringen ausgestattet. Ketten, Seile und Fußknebel liegen herum. Auch ein paar Kissen und Decken. Hartlieb kennt sich mit den Folterwerkzeugen aus. Er legt Ramona Fußfesseln und Handschellen an und bindet sie mit einem Seil an einem Eisenring fest.

Eine unvorstellbare, mehr als ein Jahr dauernde Gefangenschaft und Tortur beginnt. An manchen Tagen weiß die 16-Jährige nicht, was schlimmer ist: die Schmerzen oder die Angst vor der nächsten Folterung. Dazu kommen die vielen Stunden der Einsamkeit in ihrem Verlies.

Hartlieb und seine Frau sind üble Folterknechte wie aus dem Mittelalter. Immer wieder zwingen sie das Mädchen zu übelsten Perversionen. Sie führen sie an einer Leine, die an einem ledernen Halsband befestigt ist, durch den Keller und das Haus. Ramona muss gehorchen wie ein abgerichteter Hund. Die Sadisten machen das Mädchen innerhalb kurzer Zeit zu einem willenlosen, wehrlosen Geschöpf.

«In den ersten Monaten meiner Gefangenschaft holten sie mich fast jeden Tag aus dem Verlies. Entweder führten sie mich an der Leine zu einem Folterstuhl beim Swimmingpool oder hinauf ins Wohnzimmer. Dort wartete in der Regel schon die Peitsche auf mich. Dabei hielt die Reitgerte den kräftigen Hieben oft nur kurze Zeit stand. Sie ging kaputt», erinnert sich Ramona nach ihrer Befreiung.

Elvira Hartlieb ist eine kleine, unansehnliche Person. Sie trägt gerne altmodische Kleider, die wie Lappen an ihr herunterhängen. Ihr Gesicht ist vom Alkohol aufgedunsen, aber ihre Augen leuchten vor Hass und Gewaltlust. Sie besitzt ein großes Sortiment an Peitschen. Wenn eine zu Bruch geht, greift sie zu einer neuen. Oft wird Ramona, die Arme schmerzhaft nach oben gereckt, an einem Deckenbalken im Wohnzimmer angekettet.

«So war ich der ‹Herrin› wehrlos ausgeliefert. Dann griff sie gerne zu ihrer ‹siebenschwänzigen Katze›, einer Peitsche mit Lederstriemen, um meinen Rücken mit Schlägen zu bearbeiten. Elvira war die Grausamere von den beiden. Sie war es meistens, die mich auspeitschte und die umso kräftiger zuschlug, je mehr ich vor Schmerzen aufschrie. Hinterher hatte ich blutige Striemen auf dem Rücken», erzählt Ramona.

Die Folterer zeigen in der Wahl ihrer Mittel keine Hemmungen. Sie kneifen dem jungen Mädchen brutal in die Brust oder drücken Zigaretten auf ihr aus. Dann wieder binden sie die Brust mit einem Seil so stark ab, dass sich das Fleisch um die Brustspitzen herum rot und blau färbt.

Die Großeltern, bei der Ramona Darbusch damals wohnt, geben nach dem Verschwinden der Enkelin eine Vermisstenanzeige bei der Polizei auf. Aber da die 16-Jährige seit ihrer Kindheit als schwierig galt, wird nicht nach ihr gesucht. Sie wird lediglich in der Fahndungsdatei registriert. Niemand kommt bei der Polizei auf die Idee, den Unternehmer Hartlieb zu befragen, wo seine neue Hausangestellte geblieben ist.

Es gibt Menschen, die es lieben, Macht über andere auszuüben. Wenn diese Menschen die Grenze zur Gewalt überschreiten, können sie den anderen die Hölle auf Erden bereiten. Elvira und Rainer Hartlieb halten das Mädchen mehr als ein Jahr lang, genau 450 Tage, gefangen, missbrauchen und misshandeln es. Fast jeden Tag wird es gefoltert. Regelmäßig zwingt Hartlieb sein Opfer zum Geschlechtsverkehr, wobei er jede nur denkbare Vorliebe an ihr auslebt. Seine Frau macht Fotos von den Gewaltakten.

Geschont wird Ramona nur, wenn die Kerkermeister im Haus eine Party feiern oder in Urlaub fahren. Dann wirft man ihr Lebensmittel für die Tage der Abwesenheit vor die

---

173

Füße. Das Mädchen erfährt in den vielen Monaten der Qualen nur einmal eine freundliche Geste durch die Hartliebs: Nach einigen Monaten bringen sie ihrem Opfer ein Fernsehgerät. Von nun an sieht Ramona regelmäßig, wie TV-Kriminalisten ihre Fälle lösen. Ramona Darbusch: «Leider alles nur Film. Mich suchte niemand.»

Das Leben der Ramona Darbusch wird in dieser Zeit nicht nur durch die körperliche Folter bestimmt. Groß sind auch ihre seelischen Qualen. Jeden Tag rechnet sie damit, ermordet zu werden. «Ich dachte: Die müssen mich ja umbringen. Bei dem, was die mir antun, können die mich doch nicht laufenlassen. Ich hatte mit dem Leben abgeschlossen.»

Doch eines Tages lassen die beiden Täter ihr Opfer tatsächlich frei. Die Sadisten rechnen nicht damit, dass das Mädchen zur Polizei gehen und sie anzeigen wird. Die Täter schleppen ihr schwer geschundenes Opfer in ihren Mercedes und setzen das Mädchen einfach an einem Bahnhof ab. Zum Abschied sagt Hartlieb zu seinem Opfer. «Du musst gar nicht zur Polizei gehen. Jemandem wie dir glaubt man ohnehin nicht.»

Dann fahren sie zurück in ihre Villa, als wäre nichts passiert. Auf einer Bank am Bahnhof bleibt ein körperliches und seelisches Wrack zurück.

Ramona Darbusch fährt zunächst zu ihren Großeltern, dann zu einem Arzt und schließlich zur Polizei. Sie will Anzeige gegen Rainer und Elvira erstatten. Doch auf der Polizeiwache passiert, was ihr Hartlieb zum Abschied prophezeit hat: Die Polizeibeamten glauben der jungen Frau ihre Geschichte von Einkerkerung, Vergewaltigung und Folter nicht. Ein Polizist unterstellt ihr gar, dass sie in Wirklichkeit als Prostituierte gearbeitet hat. Ramona Darbusch ist empört. «Die Hartliebs liefen frei rum. Da bin ich ausgerastet. Da muss man erst umgebracht werden, damit was gemacht wird. Wäre ich die Tochter des Bundeskanzlers gewesen, ja, da hätte man schnell die Villa der Hartliebs durchsucht. Ich kam mir vor wie ein Mensch dritter Klasse.»

Doch Ramona gibt nicht auf. Sie und ihre Großeltern haben kein Geld, um einen Rechtsanwalt zu engagieren, der ihre Sache vertritt. Auch wissen sie nicht, dass sie sich an eine Opferberatungsstelle wenden könnten. Aber Ramona geht mehrmals zu unterschiedlichen Polizeiwachen, bis sie endlich einen Polizeibeamten findet, der ihr glaubt und ihren Anschuldigungen gegen das Millionärspaar nachgeht.

Schnell stellt man fest, dass die ungeheuren Behauptungen von Ramona tatsächlich stimmen. Bei der Durchsuchung finden Polizeibeamte den Kerker, in dem Ramona mehr als 15 Monate lang eingesperrt war. Auch die Folterwerkzeuge sind noch an Ort und Stelle. Rainer Hartlieb gibt schon im ersten Verhör bei der Polizei zu, dass Ramona von ihm und seiner Frau für Sexualpraktiken benutzt wurde und ihr dabei die Narben und Verstümmelungen beigebracht wurden. Die Täter werden verhaftet.

Doch Hilfe findet Ramona auch jetzt nicht. Niemand unterstützt sie dabei, mit ihren seelischen Verwundungen fertigzuwerden. Das Sozialamt kümmert sich nicht um die inzwischen Volljährige. Ramona klagt: «Keiner fragte, ob er mir helfen kann. ‹Brauchen Sie was, kommen Sie klar? Finanziell, beruflich, psychisch?›»

Ramonas Leben nach dem Überleben ist nicht etwa eine Befreiung von den Qualen – sie führt auch weiterhin ein Leben wie in einem Folterkeller. Weder gibt es eine Therapie zur Aufarbeitung ihrer Gefangenschaft noch Unterstützung durch den Staat oder Initiativen. An Ramonas Schicksal lässt sich ablesen, wie Opfer von der Gesellschaft zuweilen missachtet werden.

Im Prozess gegen Rainer und Elvira Hartlieb zeigt sich darüber hinaus, wie hart vor Gericht oft mit den Opfern von Verbrechen umgegangen wird. Die Täter behaupten, dass sich das bei ihrer Gefangennahme 16 Jahre junge Mädchen freiwillig an den sexuellen Perversionen beteiligt habe. Einer der Strafverteidiger der Hartliebs quält das Opfer zusätzlich durch Unterstellungen: «Ramona faszinierte Sex. Bei dieser Faszination ist es nicht vorstellbar, dass sie nicht freiwillig mitgemacht hat. Sie war eine Versagerin, nur in Sachen Sex bot sie was.»

80 Beweisanträge werden von den Strafverteidigern vor Gericht eingebracht, um die Mitschuld des Opfers zu belegen. Niemand nimmt das Opfer vor den Attacken der Rechtsanwälte in Schutz. Detektive haben vor dem Prozess außerdem das Vorleben Ramonas nach Hinweisen auf ein sexuell freizügiges Leben durchforstet und präsentieren dem Gericht dann so lächerliche Beweise wie etwa die Teilnahme der jugendlichen Ramona an einem Disco-Wettbewerb «Miss Busen».

Wo Juristen ihr gemeines Spiel mit den Opfern treiben, gelten eben andere Regeln. Fairness, Menschlichkeit und Achtung der Menschenwürde gehören nicht immer zum Repertoire von Strafverteidigern. Immer wieder trampeln sie auf den Gefühlen von Opfern herum. Der Prozess endet dennoch mit der Verurteilung von Rainer Hartlieb zu zehn Jahren Haft, seine Frau Elvira wird zu sechs Jahren Gefängnis verurteilt.

Für die Öffentlichkeit ist Ramona zukünftig die «Sexsklavin». Unter dieser Bezeichnung erlangt sie traurige Berühmtheit. Eine Illustrierte kauft ihre Lebensgeschichte, und Ramona bezahlt vom Honorar ihren Anwalt. Manches Detail aus ihrem Leben wird in den Medien so verdreht, dass viele Verwandte den Kontakt abgebrochen haben. «Meine Mutter zum Beispiel, die hat Monate nicht mehr mit mir geredet. Da wurde über mich viel Unsinn veröffentlicht. Zum Beispiel, dass sich meine Mutter nicht um mich gekümmert hätte und vieles andere mehr.»

Schon bald nach dem Prozess gegen die Hartliebs heiratet Ramona. Sie versucht zu vergessen, sehnt sich nach dem stillen Glück. «Ich wollte eine Familie haben, Kinder, um die ich mich kümmern konnte», erzählt Ramona mir später.

Doch erst in ihrer Hochzeitsnacht lernt sie ihren Ehemann richtig kennen – er verprügelt sie. «Ich hatte eigentlich die Hoffnung auf eine schöne Ehe. Ich habe geglaubt, er liebt mich.»

Sie entscheidet sich dafür, bei ihm zu bleiben. Während der sieben Jahre ihrer Ehe ist Ramona häufig im Krankenhaus. «Mein Kopf ist mit 32 Stichen genäht worden, ich hatte die Nase fünfmal gebrochen.»

Sogar zu einer pornographischen Verfilmung ihres Lebens wird sie überredet. Und als sie den Ehemann schließlich verlassen will, sperrt er sie ein. «Nachdem ich die Scheidung eingereicht habe, hat er mir Heroin gespritzt und mich so lange nicht aus der Wohnung gelassen, bis ich eben drauf war und mir das selber spritzen musste.»

Nach der Ehe folgen zwei Entziehungskuren. 15 Suizidversuche. Aufenthalte in einer psychiatrischen Klinik.

Ramona wünscht sich eigentlich nichts anderes als einen Menschen, der sie in den Arm nimmt und sagt: «Ich helfe dir, und ich kümmere mich darum, dass dein Leben wieder in Ordnung kommt.»

Diesen Menschen lernt Ramona nie kennen. «Niemand hat zu mir gesagt: ‹Ramona, wir lassen dir die Narben an der Brust wegmachen.› Es gab auch keine Entschädigung für die Zeit der Folter. Wenn das mit dem Hartlieb nicht gewesen wäre, hätte ich mit 17 eine Lehre machen können, konnte ich ja nicht.»

Die 120 000 Euro Schmerzensgeld, die ihr das Gericht zugesprochen hat, erhält Ramona nicht. Die Firma der Hartliebs meldet Konkurs an. Rainer Hartlieb begeht kurz nach der Verurteilung Selbstmord. Seine Ehefrau Elvira lebt nach Verbüßung der Haftstrafe angeblich ohne eigenes Einkommen irgendwo in Deutschland.

«Da ist viel Mist gebaut worden», sagt Ramona. «Ich bin über das Konkursverfahren zu Hartliebs Firma viel zu spät informiert worden. Ich habe einen Gerichtsvollzieher losgeschickt, ohne Erfolg.»

Sie protestiert im Bundestag und verteilt Handzettel, um auf ihr Schicksal, aber auch auf das anderer Opfer aufmerksam zu machen. Ramona hat eine gute Idee: «Der Staat könnte doch Opfern wie mir das Schmerzensgeld vorschießen und es sich dann bei den Tätern wiederholen. Der Staat hat doch viel mehr Möglichkeiten als ich.»

Man empfiehlt ihr, sich an den Petitionsausschuss des Bundestages zu wenden. Der vertröstet sie erst und reicht den Antrag dann an den Bundespräsidenten weiter. «Sie meinten, so hilfsbedürftig sei ich ja nicht.»

Schließlich unterstützt der Weiße Ring die junge Frau.

Beim Versorgungsamt beantragt sie eine Rente nach dem Opferentschädigungsgesetz.

Die körperlichen Misshandlungen durch die Sadisten haben ihre Spuren hinterlassen. Neben den seelischen Narben, um die sich kein Therapeut kümmert, gibt es die sichtbaren. «Ich traue mich kaum, zum Arzt zu gehen, weil ich ihm meine Narben nicht zeigen mag», erzählt Ramona. «Am liebsten würde ich mehrere BHs übereinander tragen.»

Immer wieder versucht Ramona zur Ruhe zu kommen. Eine Gerichtspsychologin kommt schon während des Prozesses zu der Erkenntnis, Ramona hätte die Folterzeit gut verkraftet, weil sie bei der Folter noch so jung gewesen sei. Aber ist das normal, wenn eine junge Frau ein Messer in der Handtasche mit sich herumträgt?

«Ich habe immer ein Messer bei mir. Ich würde, ohne mit der Wimper zu zucken, zustechen, wenn mir heute jemand unrecht tut», erzählt Ramona. «Mit dem Messer fühle ich mich besser. Die Hartliebs haben mich so erniedrigt. Wenn ich merke, da will einer Macht ausüben, dann flippe ich aus. Dann wehre ich mich mit Händen und Füßen.»

Ramona hat immer wieder Probleme mit Männern. «Deshalb hält auch keine Beziehung länger. Ich habe Probleme, eine Vertrauensbasis zu schaffen. Und deshalb habe ich mir auch gesagt: Ich lasse es sein.»

Sie träumt von Veränderungen. «Ich möchte am liebsten in einer anderen Stadt leben, von vorne anfangen, irgendwo. Das wäre praktisch wie eine neue Identität, dass ich wie in eine neue Haut schlüpfen und wieder von vorne anfangen kann.»

Eigentlich möchte sie nur ein ganz normales Familienleben führen, nichts Besonderes. Vielleicht ein klei-

179

nes Geschäft aufmachen. Eine recht bürgerliche Existenz möchte sie führen. Ramona träumt manchmal von einer unbeschwerten Zukunft. «Irgendwas Einfaches möchte ich mir aufbauen. Auf einem kleinen Dörfchen, wo mich keiner kennt. Wenn es nur eine kleine einfache Hütte ist. Da würde ich leben, meinen Frieden haben. Mehr will ich gar nicht. Ich will gar nicht reich sein. Normal will ich leben, meine Ruhe haben, wie jeder andere Mensch auch.»

Das Leben der Ramona Darbusch: 450 Tage Folter und Gefangenschaft. Eine kaputte Jugend. Opfer in einer menschenunwürdigen Gerichtsverhandlung. Keine Berufsausbildung. Kein Job. Für Nachbarn und Öffentlichkeit die «Sexsklavin». Eine verhängnisvolle Ehe. Jahre der Sucht. Suizidversuche. Therapien. Viele Nächte voller Albträume. Viele Tage voller unerfüllter Wünsche. Selten glücklich.

Ramona Darbusch starb, schwer medikamentenabhängig, im Alter von 52 Jahren.

VIER
Von Heimkehr und Schmerz

———

«Schmerz und Freude liegen in einer Schale;
ihre Mischung ist der Menschen Los.»
Johann Gottfried Seume

Lebensretter Zufall

Jeden Tag retten in Deutschland viele Menschen anderen das Leben. Für Ärzte, Krankenpfleger, Rettungssanitäter oder Polizisten gehört das zum Berufsalltag. Doch gelegentlich lesen wir auch von ganz normalen Menschen, die anderen auf mehr oder weniger spektakuläre Art das Leben gerettet haben. In den Medien sind das dann die «Helden des Alltags». Mir ist das auch einmal passiert, in einer Doppelrolle mit einem sehr engagierten Polizisten, als ich vor etlichen Jahren für die von mir entwickelte Fernsehreihe «Vermisst» im WDR tätig war.

Eines Tages erreichte mich der Anruf von Michael Stöcker, einem Polizisten, den ich bei den Recherchen zu einem Vermisstenfall kennen- und schätzen gelernt habe und auf dessen Kompetenz ich vertraue. «Ich habe hier einen Vermisstenfall», sagte er, «aber der ist nicht auf meinem Schreibtisch gelandet. Er ist in einer anderen Stadt passiert. Aber eine Bekannte hat mich um Hilfe gebeten, und ich bitte Sie um Unterstützung.»

Reginald von Mayerling ist ein gutaussehender, 45 Jahre alter Geschäftsmann, der immer sein Geld zusammengehalten und bei Aktiengeschäften etliche Jahre lang meist guten Gewinn gemacht hat. Auf dem Höhepunkt seines Erfolgs verliebt er sich in die 28-jährige Wiltrud Kämmerling und weil er sein Glück über diese neue Beziehung nicht fassen und seine Liebe zu der Frau nicht wirklich bändigen kann, vernachlässigt er seine Geschäfte. Das weiß allerdings seine langjährige Ehefrau, Sabine von Mayerling, nicht. Die 48-Jährige ist schwer enttäuscht und verletzt vom Verhalten ihres Mannes, der sich schon bald mit der neuen Freundin eine Wohnung sucht und von ihr die Scheidung verlangt.

Reginald lebt schon mehrere Monate mit seiner Freundin zusammen, als er ausgerechnet an ihrem Geburtstag verschwindet. Die junge Frau glaubt zunächst, dass er noch in letzter Minute ein Geschenk für sie besorgen will. Sie weiß, dass ihr Freund solche Dinge gerne mal vergisst, und hat ihm deswegen morgens beim gemeinsamen Frühstück einen Wink gegeben.

Reginald verlässt die Wohnung mit dem knappen Hinweis, er müsse noch kurz etwas erledigen – und kehrt nicht mehr heim.

Jeder, der schon einmal auf einen geliebten Menschen gewartet hat, kann sich in die Situation hineinversetzen. Als der Freund nach mehreren Stunden nicht zurückkommt, versucht sie immer und immer wieder vergeblich Reginald auf seinem Handy zu erreichen. So vergeht ein schrecklich langer Tag. In diesen Stunden kreisen Wiltruds Gedanken um das bisherige gemeinsame Leben und vor allem auch um die Frage, ob sie wegen einer anderen Frau verlassen wurde oder ob der Freund einfach genug von ihr hat.

Andererseits spürt die 28-Jährige natürlich, dass es einen anderen Grund für das Verschwinden des Freundes geben muss. Die letzten Tage und Wochen verliefen für das Paar ohne Probleme. Im Gegenteil, beide waren verliebt wie bei der ersten Begegnung, und Reginald beteuerte Tag für Tag, wie glücklich und zufrieden er mit ihr war.

Am nächsten Morgen, nach einer schlaflosen Nacht, geht Wiltrud Kämmerling zur Polizeiwache und berichtet vom Verschwinden des Freundes. Der Polizist, ein junger Beamter, der gerade von einem schweren Verkehrsunfall kommt und viel Papierkram zu erledigen hat, beruhigt sie. «Warten Sie erst mal ab. Der kommt schon wieder.»

Es passiert sehr häufig, dass Männer oder Frauen von jetzt auf gleich verschwinden. Manche kommen nach wenigen Tagen wieder heim, andere bleiben Monate fort, und wieder andere kehren nie mehr nach Hause zurück. In allen Polizeidienststellen kennt man solche Fälle. Und jedes Mal müssen sich die Beamtinnen und Beamten fragen, wie sie mit einem Vermisstenfall umgehen sollen. Und was sie den Angehörigen sagen sollen, die da vor ihnen stehen.

Nicht jeder Verschwundene ist ja gleich ein Vermisstenfall. Als Wiltrud nicht lockerlässt, erklärt der Polizeibeamte: «Wo sollen wir denn suchen? Haben Sie einen Anhaltspunkt, wo sich Ihr Mann befinden könnte? Wir dürfen außerdem nur dann eine Vermisstenregistrierung vornehmen, wenn eine Person ihren gewohnten Lebenskreis verlassen hat, ihr derzeitiger Aufenthalt unbekannt ist und – das ist nun wichtig – eine Gefahr für Leib oder Leben angenommen wird.»

Der Polizist erklärt der jungen Frau, dass unbedingt ein Verdacht bestehen muss, dass die vermisste Person Opfer einer Straftat oder eines Unfalls geworden ist, dass sie zum Beispiel durch die Nichteinnahme von Medikamenten oder aus Krankheitsgründen hilflos sein könnte oder mit der Absicht, sich selbst zu töten, verschwunden ist. Denn grundsätzlich haben Erwachsene, die im Vollbesitz ihrer geistigen und körperlichen Kräfte sind, das Recht, ihren Aufenthaltsort frei zu wählen. Und sie müssen diesen auch nicht den Angehörigen oder Freunden mitteilen.

Wiltrud ist sich sicher, dass es einen Grund für das plötzliche Verschwinden des Freundes geben muss. Mit tränenüberströmtem Gesicht und zitternd vor Erschöpfung nach einer weiteren schlaflosen Nacht geht sie erneut zur Polizeiwache. Aber wenn man vor einem Schreibtisch in einer Behörde steht und der Beamte einen mit dem Hinweis auf Gesetze und Ausführungsbestimmungen abweist, gibt fast jeder Mensch auf. Gegen solche, mit Paragraphen gespickte Ablehnungen hat ein normaler Bürger meist keine Chance, vor allem weil er sich in dieser Notsituation mit der Materie nicht auskennt. Wer hat sich schon einmal vorgestellt, dass der Freund, die Ehefrau, Vater oder Mutter oder gar das eigene Kind plötzlich verschwinden und was man dann machen wird?

Manchmal spielt glücklicherweise der Zufall mit großer Kraft Schicksal. In diesem Vermisstenfall kommen sogar mehrere Zufälle zusammen. Wiltrud Kämmerling kennt aus frühen Schultagen einen Polizisten – Michael Stöcker. Das fällt der jungen Frau zwar erst nach einigen Tagen der Trauer und des Grübelns ein, aber die Erinnerung an den ehemaligen Nachbarsjungen und Schulfreund ist für sie wie ein Lichtstrahl in einem dunklen Raum. Der Polizist ist darüber hinaus auch noch ein Mensch, der zuhören kann und empathisch ist und weiß, was man in solchen Fällen machen kann. Was für ein Zufall!

Michael Stöcker bittet mich also, mich um den Verbleib von Reginald von Mayerling zu kümmern. Er glaubt der jungen Frau die Geschichte und hält es für möglich, dass dem Vermissten etwas passiert sein könnte. Ein freiwilliges Verschwinden schließt er aus.

Ich nehme die Bitte von Stöcker ernst und telefoniere zunächst mit der jungen Frau. Von ihrer richtigen Darstellung des Falles überzeugt, berichtet der WDR über das Verschwinden ihres Freundes. Keine längere Fernsehreportage wie in «WDR – Vermisst» üblich, sondern wegen der besonderen Dringlichkeit nur eine kurze Meldung mit einem Foto. Ich weiß: Auch solche kurzen Hinweise haben so manchen Verschwundenen dazu bewogen, sich zu melden, oder man hat durch sie Zeugen gefunden, die zur Aufklärung beitragen konnten.

Und tatsächlich kommt die Wahrheit ans Licht. Am Tag seines Verschwindens hat Reginald das Haus von Sabine von Mayerling aufgesucht. Er will mit ihr einen Kaffee trinken und über den bei ihr verbliebenen Hausrat und auch über seine prekäre finanzielle Situation sprechen. Doch statt einer Aussprache erwartet ihn ein Folterregime. Sabine von Mayerling und ihr neuer Freund überwältigen Reginald, kaum dass er das Haus betreten hat. Brutal schlagen die beiden auf den überraschten Mann mit einem Baseballschläger ein, sodass er ohnmächtig zu Boden sinkt. Dann schleppen sie Reginald in einen Kellerraum und fesseln ihn mit Handschellen und einer fünf Meter langen Hundeleine.

Als der Gefangene aufwacht, beginnt eine unbeschreibliche Tortur. Eine Woche lang wird Mayerling gequält und gefoltert. Sabine von Mayerling und ihr Freund wollen sein Geld, und sie versuchen es – im wahrsten Sinn des Wortes – aus ihrem Opfer herauszuprügeln. Das Folterpärchen denkt, dass Reginald bei seinen Aktiengeschäften Millionen

Euro verdient und sie auf Konten in Luxemburg deponiert hat. Das Paar droht, ihn zu töten, wenn er sich weigert, eine Vollmacht für das Konto auszustellen. Seine Beteuerungen, er sei so gut wie pleite, glauben die Täter nicht. Doch Reginald kann tatsächlich nicht zahlen.

Sie drohen ihm, er würde nie mehr das Licht der Sonne sehen, sie würden ihm Finger und Zehen abschneiden, er müsse seinen eigenen Kot essen und seinen Urin trinken, wenn er sich nicht fügte. Auch kündigen sie an, die neue Freundin zu entführen, zu vergewaltigen und zu foltern. Vergeblich beteuert Reginald Tag für Tag, kein Vermögen mehr zu besitzen. Blutüberströmt und kraftlos von den vielen Schlägen liegt er vor seiner Noch-Ehefrau und ihrem Freund auf dem Boden. Die Tage der Gefangenschaft fühlen sich für das Opfer wie eine qualvolle Ewigkeit an. Immer wieder wird er drangsaliert, mit Schlägen, Wasser- und Schlafentzug. Sie zwingen ihn, Hundefutter zu essen. Sie träufeln heißen Kerzenwachs auf sein Geschlechtsteil.

Die grausame Tortur endet erst, als Sabine von Mayerling – wieder ein Zufall – die Fernsehsendung und das Foto ihres Ehemannes sieht. Die Frau befürchtet, dass es nicht lange dauern wird, bis die Polizei vor ihrer Haustür stehen wird.

Im Fernsehen wurde ja nicht darüber berichtet, dass die Polizei keine Vermisstenanzeige aufgenommen hat und eine Suche durch die Polizei also nicht erfolgen wird. Die Entführer geraten in Panik. Sie versuchen die Spuren ihrer Tat zu beseitigen. Sie lösen noch in derselben Nacht die Fesseln des Opfers, werfen den geschwächten Körper in den Kofferraum ihres Wagens und fahren zu einem Autobahnparkplatz. In einem unbeobachteten Moment schleppen sie Reginald in die Büsche in der Hoffnung, dass er dort sterben wird.

Doch noch ein weiteres Mal hilft der Zufall. Eine Autofahrerin, die in den Büschen ein dringendes Geschäft erledigen möchte, findet den Sterbenden und alarmiert die Polizei. Als der Mann ins Krankenhaus eingeliefert wird, so berichten die Ärzte später, sieht Reginald von Mayerling aus wie eines der Folteropfer, die man von den Fotos über die früheren Verbrecherregime in Chile oder Argentinien kennt. Die Fesseln haben seine Arme bis auf die Knochen durchgescheuert. Die von brutalen Schlägen geschwollenen Beine sind mit blutigen Wunden übersät. Sein Hals ist von einem Stachelhalsband, wie es zum Bändigen von Kampfhunden verwendet wird, mit einem engmaschigen Lochmuster perforiert. Sein Körper ist unterkühlt und ausgetrocknet, die Nieren kurz davor zu versagen.

Das Opfer überlebt trotz der lebensgefährlichen Verletzungen. Mayerlings Ehefrau Sabine und ihr Freund werden verhaftet und später vor Gericht gestellt und verurteilt.

Nach 30 Jahren heim zum Sterben

———

Darf ich zum Sterben nach Hause kommen?»

Andreas Holzmann hört lange Sekunden nur das Rauschen der Telefonleitung. Leises Atmen, Schweigen am anderen Ende der Verbindung. Hinter ihm rauscht der vielstimmige Lärm der Abflughalle des Flughafens Bangkok. Doch trotz der vielen hundert Menschen fühlt er sich endlos einsam. Warum antwortet seine Schwester nicht?

«Nach 30 Jahren rufst du an und fragst, ob du zum Sterben nach Hause kommen darfst?»

Diesmal ist es Andreas, der schweigt. Was soll er auch antworten?! Dass es ihm leidtut? Dass er nicht wisse, warum er sich so lange nicht gemeldet hat?

Die Lautsprecher-Durchsage stört seine Gedanken: «Last call for passengers to Frankfurt. Please go to your gate. Last call ...»

Der braungebrannte 52-Jährige hält sich das linke Ohr zu und drückt sein Handy an das rechte. Der Lärm in der Abfertigungshalle ist schwer zu durchdringen. Englische, deutsche, französische Durchsagen wechseln sich mit thailändischen Hinweisen auf ankommende und abfliegende Maschinen ab. Grölende Touristen unterbrechen immer wieder den Singsang der Durchsagen. Handyklingeln. Lachen. Der Krach von startenden Flugzeugen dringt durch die Scheiben der Halle und untermalt das Stimmengewirr. Letzter Aufruf für seinen Flug. Er hat nicht mehr viel Zeit.

———

«Ich hab nur noch ein knappes halbes Jahr.»

Andreas hört ein verkrampftes, leise gestöhntes «O Gott» und spürt die Tränen in den Augen seiner Schwester wie seine eigenen.

«Dann komm nach Hause!»

Anna Liebrecht ist Unternehmerin, Inhaberin eines Buchversands, Problemlösung ist ihr Alltag. Und wenn jetzt ihr Privatleben einen großen Knick bekommen soll, kann sie auch das stemmen. Sie ist bereit, sich auf die Heimkehr des seit 30 Jahren verschwundenen Bruders einzulassen – und auf seinen nahenden Tod.

«Ich hab mich lange nicht getraut anzurufen», ruft Andreas Holzmann in sein Handy.

«Darüber können wir sprechen, wenn du hier bist. Wann triffst du ein?»

Andreas blickt zur Anzeigetafel am Check-in-Schalter hoch. «Mein Flug geht gleich. Ich bin in Bangkok. Ich melde mich von Frankfurt aus, wenn ich gelandet bin. Ist dir das recht?»

«Okay. Wir holen dich dann ab. Musst aber was warten. Ist ja 'ne Strecke von uns bis zum Flughafen.»

«Warten? Kein Problem.» Andreas lächelt in den Telefonhörer. «Auch wenn ich ja so viel Zeit nicht mehr habe. Dafür reicht's.»

«Ist es der Krebs?», fragt Anna leise.

«Ja», antwortet Holzmann, «aber davon erzähle ich euch mehr, wenn ich da bin.»

«Mutter ist schon tot. Der kannst du nichts mehr erzählen.»

«Und Vater?»

«Der ist alt. Ich weiß nicht, ob er dich noch einmal sehen

191

will. Lass uns das langsam angehen. Das hast du dir selbst eingebrockt. Wir müssen sehen. Melde dich, wenn du in Frankfurt bist.»

Für die meisten Angehörigen ist die Unwissenheit eine ungeheure Qual. Wer mit ihr lebt, fühlt sich wie ein verdurstender Wanderer in der Wüste. Er sucht den Horizont ab nach einer Oase. Er sieht sie nicht, und er wird immer verzweifelter. Er wandert ruhelos Tag und Nacht, ohne ein Ziel zu erkennen. Die Verzweiflung wird größer. Er wünscht sich endlich Ruhe und Erfüllung und bekommt sie nicht. So geht es immer weiter. Keine Oase in Sicht. Der geliebte Mensch ist irgendwo dort in der Ferne, wo man ihn nicht sieht.

Diese Verzweiflung hält Monate, Jahre und oft sogar Jahrzehnte an. Das allein sollte ein Grund für den Verschwundenen sein, sich zu melden und den Angehörigen wenigstens mitzuteilen, dass es ihm gut geht.

Wenn der Vermisste dann heimkehrt, ist zwar die Freude groß, doch zuweilen auch die Wut. Wie sollen sich die Angehörigen verhalten? Den Heimkehrenden herzlich willkommen heißen? Mit der neuen Situation möglichst normal umgehen, so als wäre er gerade mal für ein Wochenende verreist gewesen? Anna Liebrecht hilft es, so zu tun, als wäre der vermisste Bruder nur im Urlaub gewesen. Er kommt zurück, und man fragt ihn: «Wie geht's dir denn?» Es hilft, so zu tun, als hätte man einen Freund ein halbes Jahr nicht gesehen, weil man einfach so weit auseinander wohnt. Und dann trifft man sich und tauscht sich aus. Annas Bruder ist erstaunt über ihre nüchterne Reaktion.

Tage später sitzt Andreas Holzmann im Wohnzimmer seiner Schwester. Er legt ein Bündel Unterlagen auf den

Tisch, als müsste er beweisen, wer er ist. Dokumente aus seinem Leben. Lebenslauf, Arbeitsbescheinigungen, ein halbes Dutzend entwertete Reisepässe mit zahlreichen Stempeln und Visa. Andreas ist viel in der Welt herumgekommen.

Die Geschwister sprechen über vergangene Zeiten. Anna war ja erst sieben Jahre alt, als er abgehauen ist. Er ist 15 Jahre älter. Sie erinnert sich genau, wann sie ihn das letzte Mal gesehen hat. Bei seiner viel zu frühen Heirat. Er war 21 Jahre alt, und sie war das kleine Blumenmädchen, das vor dem Brautpaar herlief.

Ein halbes Jahr später ist der große Bruder weg. Seine Ehefrau ruft bei den Eltern an und fragt: «Ist der Andreas bei euch?»

Erst nach und nach wird der Familie bewusst, dass Andreas Holzmann wirklich für immer verschwunden ist. Viele Jahre hören sie nichts mehr von ihm. Dann kommt zum 65. Geburtstag des Vaters ein Telegramm ohne Absender: «Schöne Grüße zum Geburtstag. Mir geht's gut.»

Solche vagen Hinweise, dass der Bruder noch lebt und sich irgendwo in der Welt ein neues Leben aufgebaut hat, gibt es in den Jahren danach immer wieder einmal. Mal ruft plötzlich ein unbekannter Mann bei Anna Liebrecht an und erkundigt sich nach dem Aufenthaltsort des Bruders. Ein anderes Mal stehen Polizisten vor der Haustür und wollen Herrn Holzmann sprechen, weil ihn jemand in Indonesien angezeigt hat. Zuletzt ruft dann eine Frau aus Thailand an und teilt der Familie mit, dass der vermisste Sohn und Bruder in einem Krankenhaus in Phuket liegt. Er habe nicht genug Geld für die nächste Operation.

In einer Mail bestätigt Andreas Holzmann kurz danach, was passiert ist: «Ja, ich bin es tatsächlich. Ich bin euer Bru-

193

der. Ich liege hier, und mir geht es nicht gut. Ich bin sehr krank. Lungenkrebs.» Da schickt die Familie 3000 Dollar für die Operation.

Was bedeutet das aber für eine Familie, wenn der verloren geglaubte Sohn sich plötzlich meldet und heimkehren will? Was fühlt man? Ist man wütend? Ist man ratlos? Ist man einfach stumm? Für Anna Liebrecht ist es fast so, als hätte der ältere Bruder nie wirklich existiert. Anna, ihre eigene Familie, aber auch ein weiterer Bruder und dessen Familie akzeptieren die Heimkehr von Andreas wie ein ganz normales Ereignis: Jetzt ist der Bruder wieder da, dann kümmern wir uns halt um ihn.

Die Familie hilft, doch für den alten Vater ist die Heimkehr des Sohnes ein großer Schock. Gerade erst verstarb die Ehefrau, da kommt der Sohn nach Hause. Der Älteste, lange verloren geglaubt und auch noch todkrank. Aber auch der Vater ist nicht wütend, eher enttäuscht, weil er ihn erst wiedersieht, als es ihm schlecht geht.

Nach seiner Landung in Frankfurt wird Andreas von Sanitätern zunächst in ein Krankenhaus gefahren. Die Reise hat ihn sehr erschöpft. Außerdem lässt er sich noch einmal gründlich untersuchen. Der 52-Jährige hofft, dass sich die thailändischen Ärzte geirrt haben und seine Krankheit nicht so bald wie angenommen zum Tode führen wird. Aber auch die deutschen Ärzte machen ihm keine Hoffnung. Sein Tumor in der Lunge ist schon faustdick.

Anna Liebrechts erste lange Begegnung mit ihrem Bruder findet im Krankenhaus statt. Sie setzt sich an sein Bett, als wäre es das Normalste auf der Welt und sagt: «Guten Tag, wie geht's dir?»

Sie macht dem Bruder keine Vorwürfe. So hatte sich

Andreas Holzmann den Empfang in der Familie nicht vorgestellt. Überrascht erzählt er seiner Schwester: «Wenn ich an Heimkehr gedacht habe, fürchtete ich Ärger. Das war für mich wie eine Barriere. Ein Grund, nicht heimzukehren. Ich wollte keine Fragen gestellt bekommen. Ich wollte keine Vorwürfe hören.»

Die Familie drängt Andreas nicht, zu erzählen, was er in den Jahren der Abwesenheit in der Fremde erlebt hat. Aber wann immer man ihn trifft, gibt er ein wenig mehr von seinem Leben preis. So erfahren die Angehörigen bald zu ihrer großen Überraschung, dass er drei Mal geheiratet hat. Doch er ist nie geschieden worden. Er hat nur die Länder und die Religionen gewechselt: In Deutschland heiratete er evangelisch-lutherisch. In Israel heiratete er eine Jüdin, mit der er ein Kind zeugte. In Indonesien konvertierte er zum Islam und bekam mit seiner muslimischen Ehefrau ein weiteres Kind. Andreas' Leben war eine ewige Flucht. Nie fand er wirklich Ruhe. Nie fühlte er sich angekommen, nie zu Hause an einem Ort. Immer wieder trieb es ihn weiter, als fürchte er Beständigkeit in seinem Leben.

In den nächsten Monaten wohnt er in einer kleinen Pension, aber verbringt viel Zeit im Krankenhaus. Regelmäßig treffen sich die Familienmitglieder dort. Bei diesen Begegnungen berichtet der Heimkehrer von seinem unsteten Leben. In 35 Ländern ist er mal für kurze Zeit, mal für länger gewesen. In 15 Staaten hat er gelebt: in der Schweiz, in England, Israel, Amerika, in Afrika und in Asien.

Die längste Zeit hat er während der 30 Jahre in der Hotelbranche als Manager gearbeitet, zeitweise mit einem Monatsverdienst von mehr als 20 000 Euro, Dienstwagen und bezahlten Urlaubsreisen für die ganze Familie.

Zeit, um zu seiner Familie in Deutschland heimzukehren, hat er allerdings nie gehabt. Es hat ihn nicht zurückgetrieben. Einige Monate lang arbeitete er sogar nur 500 Kilometer vom Wohnsitz von Anna Liebrecht und ihrer Familie entfernt, doch gemeldet hat er sich nicht.

Für ein echtes Familienleben scheint Andreas Holzmann nicht geboren zu sein. Zu Bruder, Schwester und Eltern bricht er seine Beziehung ebenso ab wie zu seinen drei Ehefrauen. Seine erste Frau in Deutschland verlässt er schon kurz nach der Hochzeit. Seine zweite Frau lernt er in Israel kennen. Schon bald nachdem sie ein Kind bekommen hat, verlässt er auch sie. Als er ein Hotelprojekt in Indonesien managt, lernt er seine dritte Frau, eine Muslima, kennen. Sie verlieben sich ineinander, und sie wird schwanger. Ihre Brüder geben dem Deutschen deutlich zu verstehen, dass es nur eine Option gibt: heiraten. Ein paar Jahre später flüchtet er bei Nacht und Nebel auch aus dieser Beziehung.

Doch Ehefrau Nummer drei lässt ihn von der Polizei suchen – und die spürt ihn in England auf. Das Paar kommt wieder zusammen, und gemeinsam lassen sie sich in Thailand nieder. Er eröffnet dort ein Restaurant, nachdem er seinen Job als Manager verloren hat. Später trennt sich seine Frau von ihm, und er rutscht in die Armut ab.

Erst dem Tode nah denkt Andreas Holzmann darüber nach, wie wichtig eine Familie ist. Geld hat er nicht, doch im Angesicht des baldigen Todes bekommt menschliche Nähe und Wärme für ihn eine ganz neue Bedeutung. Er möchte nach Deutschland heimkehren, in den Kreis der Familie wiederaufgenommen werden. Er möchte in den Tagen vor seinem Tod wieder Menschen haben, die sich um ihn kümmern.

Er gesteht sich ein, dass sich sein heimliches Lebensziel nicht erfüllt hat. Denn eigentlich wollte er reich und berühmt nach Hause zurückkommen. Er wollte seinem Vater beweisen, dass er es aus eigener Kraft ganz weit im Leben schaffen kann. Er hat zwar viel erreicht, doch am Ende kehrt er todkrank und arm nach Hause zurück. Anna tröstet den Bruder: «Was willst du uns denn beweisen? Dass du ein toller Hecht bist? Das ist doch unwichtig. Du bist uns wichtig, so wie du bist. Dein Leben, das du gelebt hast, ist doch dreimal interessanter als irgendwelcher Besitz oder Geld.»

Anna schlägt ihm vor, seine Lebensgeschichte aufzuschreiben. Seinen zwei Kindern über seine Gefühle, seine Gedanken und seine Beweggründe für sein Handeln zu berichten. Sie bringt ihm auch einen Laptop ins Krankenzimmer. Doch statt seine Erinnerungen für seine Kinder aufzuschreiben, notiert er auf dem Computer nur seine Blutdruckwerte, die Herzfrequenz und die Tabletten, die er täglich einzunehmen hat. Über sich und seine Gefühle schreiben, das kann er nicht.

Andreas Holzmann hat immer wieder mit seinen Familien gebrochen. Kurz vor seinem Tod versucht er sein Leben zu regeln, einen guten Abschluss zu finden. In einer Mail an seine letzte Frau schildert er seine Situation. Sie antwortet: «Ich kann mich nicht mehr weiter um dich kümmern. Ich muss mich um mich und unseren Sohn kümmern. Ich wünsche dir noch ein schönes Leben.»

Seine zweite Frau schreibt ihm zum Abschied nur ein paar Zeilen: «Herzelein, ich sitze hier in Israel und habe keine müde Mark.»

Erst etliche Zeit nach dem Tod von Andreas Holzmann

wird Anna Liebrecht Kontakt zu den weit entfernten Familien ihres Bruders aufnehmen. Sie will die Beziehungen pflegen. Sie verabreden, gelegentlich miteinander zu telefonieren oder sich per E-Mail auszutauschen. Anna Liebrecht und ihre Familie freuen sich darüber. Das wird das einzige Erbe von Andreas Holzmann sein: dass sich Deutsche und Israelis und Indonesier wie in einer großen Familie fühlen. «Für uns ist das wunderbar», sagt Anna. «Wir sind jetzt eine noch größere, eine Multikulti-Familie. Ich bin noch zwei Mal mehr Tante geworden. Meine Tochter hat einen Cousin und eine Cousine.»

Gestorben ist Andreas Holzmann so alleine, wie er sich vermutlich zeit seines Lebens gefühlt hat. Ob er Angst vor dem Tod hatte? Ob er sich einsam fühlte? Ob er sich noch etwas gewünscht hätte? Niemand weiß das. Er wies die Ärzte und Schwestern an, dass seine Angehörigen nicht benachrichtigt werden dürfen, wenn es mit ihm zu Ende geht.

Bei seinem letzten Atemzug war niemand da.

Das Wunder

———

Meine Schwiegermutter ist verschwunden.» Die Stimme auf dem Anrufbeantworter des Vermisstentelefons klingt nervös und ängstlich. «Sie ist mit dem Fahrrad zu einer Freundin gefahren. Schon zwei Tage ist sie weg. Ihr muss was passiert sein!»

Wenn das rote Lämpchen des Anrufbeantworters blinkt, ist in Deutschland wieder ein Mensch verschwunden. Jedes Jahr flüchten Menschen vor ihren Sorgen, vor Schulden, vor Schwierigkeiten mit den Partnern, Eltern, Kollegen. Manche werden gemobbt, andere missbraucht oder misshandelt. Einige versagen im Prüfungsstress. Viele sind krank, leiden unter Demenz oder Depressionen. Einige werden entführt, manche ermordet.

Ich rufe den Mann sofort zurück. Sven Heger, der Schwiegersohn von Petra Bernbach, ist völlig fertig mit den Nerven und vor allem auch ratlos. Er beschreibt, wann und wo die Schwiegermutter verschwand. Auf dem Rückweg von der Freundin am späten Abend musste sie ein Naherholungsgebiet passieren. Waldgebiet. Dickicht. Da könnte ihr etwas zugestoßen sein. Vielleicht ein Überfall?

Die Vermisste ist 58 Jahre alt. Normales Aussehen, eher nicht sportlich. Sie hatte ungefähr 80 Euro im Portemonnaie, den Personalausweis zu Hause. Bürgerliche Lebensweise. Sie hatte keinen Liebhaber, mit dem sie durchgebrannt ist, da sind sich ihre Angehörigen sicher.

———

Sven Heger kann nicht verstehen, dass die Polizei nicht sofort etwas unternimmt. Sie sieht in dem Verschwinden von Petra Bernbach eine Privatangelegenheit. Erwachsene Menschen verschwinden – sie dürfen das.

Petra Bernbach ist seit zwei Tagen verschwunden, als die Polizei die Vermisste endlich registriert.

«Die Nächte sind für uns am schlimmsten», klagt Heger. «Dann liegt man da und kann nichts tun.»

Ich gebe dem Studenten den Rat, die Suche selbst in die Hand zu nehmen. Er kann Plakate aufhängen und verteilen und sich an die Medien wenden und sogar selbst eine Suche nach der Frau im Waldgebiet organisieren. Ich erzähle ihm von einem Vermisstenfall, bei dem eine solche Suche Erfolg hatte. Mitten im eisigen Winter ist eine ältere Frau verschwunden, die sich mit dem Fahrrad auf dem Weg nach Hause befand. Eine Nacht da draußen in der Kälte hätte die Frau nicht überlebt. Die Polizei bat die Bevölkerung um Mithilfe bei der Suche. Mehrere Anwohner meldeten sich, sie wollen die Verschwundene gesehen haben.

Noch am gleichen Abend suchte die Polizei auf dieser Straße, die an einem Bach entlangführt. Und hier wurde die Vermisste tatsächlich nach kurzer Zeit gefunden. Sie war mit ihrem Fahrrad vom Weg abgekommen und die Böschung hinabgestürzt. Dort lag sie am Rande des Wassers und war wegen ihrer schweren Verletzungen nicht fähig, sich zu bewegen oder Passanten auf sich aufmerksam zu machen. Die Frau wurde gerettet.

Ich mache dem Studenten also Mut, selbst aktiv zu werden. Alles ist besser, als am Küchentisch zu sitzen und zu warten, dass sich alles zum Guten wendet. Es gibt immer wieder Wunder.

Tage später schellt das Vermisstentelefon erneut. Wieder ist Sven Heger in der Leitung. Die Polizei hat inzwischen das Gelände, wo die Schwiegermutter verschwunden ist, abgesucht und es mit einem Hubschrauber überflogen. Petra Bernbach bleibt verschwunden, ohne jede Spur. Für den vergangenen Sonntag hatte die Familie dann Freunde, Bekannte und Verwandte zu einer Suchaktion aufgerufen, erzählt Sven Heger. Sogar der Hausarzt der Schwiegermutter ist gekommen. Mehr als 100 Menschen haben sich bei strömendem Regen auf die Suche nach der vermissten Frau gemacht. Ausgestattet mit Karten und Anweisungen sind sie über die Waldwege gelaufen, haben Plakate aufgehängt und im Unterholz nach Petra gesucht. Die regionalen Medien schickten Reporter und berichteten über die Initiative. Doch auch diese Aktion verlief ohne Ergebnis.

Abwarten, tröste ich ihn, und in einigen Tagen vielleicht die Suche noch einmal wiederholen. Zwei Tage später ist Sven Heger wieder am Telefon. Das Wunder ist geschehen. Es gibt tatsächlich ein Happy End. Petra wurde gefunden. Spaziergänger sind durch das Suchplakat auf den Fall aufmerksam geworden. Sie entdeckten im Gebüsch abseits des Wegs erst ein Fahrrad. Als sie genauer nachsahen, fanden sie die völlig verängstigte und schwer verletzte Frau im Dickicht. Sie war überfallen, beraubt und schwer verletzt zurückgelassen worden. Sie konnte sich nicht mehr bewegen. Es hat eine Woche gedauert, bis man sie endlich fand. Petra Bernbach hatte einen starken Schutzengel.

Tränen für ein altes Ehepaar

Einmal war ich zu Tränen gerührt. Es war am Ende einer kurzen Geschichte. Die Beratung von Angehörigen von Vermissten betrachte ich als Management, als Hilfe zur Selbsthilfe. Dabei bleibt mir nur wenig Zeit für Gefühle.

Eines Tages meldete sich ein Ehepaar, beide um die 80 Jahre alt, und baten um Rat. Die Frau erzählte mir am Telefon ihre Geschichte, während der Ehemann im Hintergrund ihre Darstellung aufgeregt korrigierte oder ergänzte.

Der damals 30-jährige Sohn der beiden war vor mehr als 20 Jahren von einem Tag auf den anderen spurlos verschwunden. Die Eltern waren sofort zur Polizei gegangen und wollten den Sohn als vermisst melden. Aber man schickte sie wieder nach Hause. Sie sollten abwarten. Ihr Sohn sei volljährig. Nach dem Gesetz könne er machen, was er wolle. Auch spurlos verschwinden. Er müsse sich nicht abmelden. Er käme sicher bald wieder heim.

Die Eltern warteten jahrelang, ohne noch einmal zur Polizei zu gehen und darauf zu bestehen, dass ihr Sohn als vermisst registriert wurde. Sie warteten geduldig 20 Jahre lang auf die Heimkehr ihres Jungen. Sie gehörten einer Generation an, die noch gehorchte, wenn die Polizei etwas sagte. Sie vertrauten dem Wort eines deutschen Beamten.

Ich schwieg betroffen, als die Frau ihre Geschichte beendet hatte. Dann empfahl ich dem Ehepaar, dringend zur nächsten Polizeiwache zu gehen, ein Foto des Verschwundenen mitzunehmen und darauf zu bestehen, dass man den Sohn nunmehr als vermisst registrierte. Sollte man sich wieder weigern, so versprach ich, würde ich mich persönlich bei der Polizei für sie einsetzen.

Viele Monate lang hörte ich nichts mehr von dem Ehepaar. Eines Abends kam ich weit nach Mitternacht von einer Feier nach Hause und hörte noch den Anrufbeantworter ab. Mit tränenerstickter Stimme informierte mich die alte Dame darüber, dass man ihren Sohn gefunden habe. Er lag schon etliche Jahre nach einem Unfall als namenlose Leiche in einem Kühlhaus in Portugal. Da der Mann keine Papiere bei sich hatte und nicht als vermisst registriert war, konnte man seine Identität nicht feststellen. Man bewahrte den Körper in einem speziellen Kühlhaus für nicht identifizierbare Leichen auf.

Das Ehepaar fühlte sich mir wegen meiner Unterstützung so verbunden, dass die alte Dame – noch immer schwer erschüttert von der Todesnachricht ihres Kindes – sofort bei mir anrief. Doch da ich nicht zu Hause war, erzählte sie ihre Geschichte dem Anrufbeantworter.

Als ich nachts die traurige Stimme der Mutter hörte, flossen mir Tränen der Rührung und des Mitleids über die Wangen. Ich spürte dieses große Leid der Eltern, die zwei Jahrzehnte auf die Rückkehr ihres Jungen gewartet hatten, so intensiv, dass ich meine Tränen nicht zurückhalten konnte.

Dank

———

Ich danke...

... den Angehörigen von Vermissten, dass sie mir ihr Vertrauen geschenkt haben,

... den Informanten bei der Polizei und bei anderen Behörden,

... meinen Vorableser*innen, die meinen Storys noch vor Drucklegung ihre Zeit gewidmet und mir ihre fundierte Kritik mitgeteilt haben: Lydia Gruber, Tamar Mandaria, Nicola Manns, Pauline Merzenich, Nicole Niewiadomski, Lynne Philippé, Rike Raatz, Jürgen Schneider, Jürgen Spreemann-Michaelsen, Kai Winckler,

... dem Fotografen Michael Seelbach für erstklassige Fotos und vor allem auch das Foto auf dem Cover dieses Buches,

... den Literaturagenten Michael Meller und Niclas Schmoll von Meller Literary Agency für ihre guten «Riecher»,

... der Lektorin Susanne Frank und weiteren Mitarbeiterinnen und Mitarbeitern des Rowohlt Verlags für die angenehme Zusammenarbeit,

... dem Schriftsteller und Rechtsanwalt Ferdinand von Schirach, dessen hervorragende Kurzgeschichten mich inspiriert haben, diese Geschichten über Vermisste und ihre Angehörigen zu schreiben.

———

Kontakt zum Autor

———

www.peter-jamin.de
www.ohnejedespur.de
jamin@jamin.de